楞嚴經蠡測

【伍】

薀

王薀老師　講述

王蘊 老師

一位喜愛現代及古典美學的追求者；一位古董藝術收藏家；一位雅好品茗的茶藝家，曾是台灣早期開創茶藝文化先進之一，共創立三家當代茶藝文化中心的品茗家；一位喜好鑽研天文曆算、陰陽術數以及重新整理各類失傳命理典籍的占卜愛好者，包括《易經》、占星學、塔羅牌占卜和奇門遁甲，還有印度、西藏各類中西古代占卜法……一位修習各路門派的武學愛好者，從十四歲起追隨道家師父修學形意、八卦、太極拳、螳螂拳、鶴拳、少林彈腿、槍、棍、流星錘等等各家流派武學；一位致力保存傳統音樂薪傳的倡導者，創辦國樂、南管樂社和爵士樂團。老師也在年度演唱會中，和國內著名樂團配合演唱義演，裨益公益團體良多。老師自幼素愛閱讀並且收藏各類古籍善本、書畫，從東方的孔、孟儒家學說、仙道之學、佛家三藏十二部經典，以及西方的心理學、哲學和文化歷史皆有喜好研習與探究。於各項技藝方面，包含東西方各式繪畫技巧、書法、瑜珈、健身等等，近幾年來也不斷地研習歐洲瓷畫、金工和紙雕……。

老師早年也曾經商、創業有成，並曾受聘為諸多大小型企業、公司之管理顧問，對於經營之道亦有獨到之見解。

在其三十多年的教學生涯中，觀察到現代人身心上充斥著各種不同的困擾及需求，所以總是夜以繼日地運用多年來在不同的領域和傳承中所習得的人生體悟及知識分享給有緣大眾，並且很生活化地將艱澀難懂的經典理論結合於生活之中，希望能夠為現代人帶來心靈的療癒和儲備，使更多人能夠更實際地從生活中去體會、發現與開展更多的創意。

為了承續並且成就過去先人所未圓滿的志業，在不同的區域成立了不同的團體，例如中國人文生命科學永續發展協會、中華度眾協會、轉化創意工作室有限公司、香港生命力文創教育基金會、善聞文化創意有限公司及拾慧文化創意有限公司。

老師的行事類如大隱於市的化外之人，是融合東西方文化傳統精髓及現代西方世界觀的隱行者。從出生開始便經歷且擁有不同於他人的生命歷程，因此造就了化外出世及種種不凡的體驗與覺受。用其一貫低調筆耕或默默接引的方式，多年來在不同的國家和地區，與不知凡幾的有緣人都曾善巧地教化過。

老師更像是一部跨文化、跨地域的行動百科，足跡踏遍美國、中國、澳洲、歐洲、日本、韓國、香港、澳門和新加坡等不同地方，教授學生數萬人，遍及海內外二十五個國家。為了更廣泛地與有緣大眾分享，老師近年來致力於書寫創作，目前更是關鍵評論網的專欄作家，及健康2.0、常春月刊等國內外各大媒體約稿作家，文章經常散見在各類報章雜誌上，而其著作亦連續三年登上Amazon亞馬遜各類暢銷榜第一名，最新外文著作上市以來，更打破連續61天第一名紀錄，名列美、加、英、法、德、澳、日等7國，合計37類書籍暢銷排行榜及新書榜均獲得第一名！在國內的博客來、誠品書店各著作皆時常相繼獲得暢銷榜第一名。常受邀於國內外不同團體、學術機關和學院，不斷舉辦講座、演講，為現代人困執痛苦的心靈，開啟智慧方便之門。

著作：

《回不去了》
《重生——生命中都必須有一次》
《隱藏在心經背後的故事》
《力量——重生之後》
《茶堂》
《阿賴耶之人狐傳奇》
《絕對》
《靜坐之後》
《楞嚴經蠡測》【第壹冊】
《楞嚴經蠡測》【第貳冊】
《發現生命的曙光》
《靜坐——這一檔子事》
《靜坐這一檔子事2——導引功法》
《這，也是金剛經的重點》
《建盞·茶談》
《觀音——最具丈夫相的女性》
《如何不落中陰——生死自在》
《師者》【第壹冊】
《茶堂懷錄》
《師者》【第貳冊】

《靜坐與養生之間》
《拴馬索》
《炁息》
《宗門屑語——四十年習佛錄影》【壹】
《炁息》【二】蹻引八谿
《心經旁引》系列1—4冊
《楞嚴經蠡測》【第參冊】
《逆流而上——人生勵志五部曲》
《楞嚴經蠡測》【第肆冊】
《金句》【1】
《楞嚴經蠡測》【第伍冊】
《現代人的藥師經》系列1—7冊
等六十餘本，以深入淺出的文字鼓舞現代人心。

出版社編輯序

《楞嚴經》在唐朝時由般剌密諦歷經百劫千險傳至漢地，由唐初名相房玄齡之子房融潤飾譯成，詞藻優美、語義精奧，向為禪門所推崇，諷誦研讀終身者所在多有，一時緇素景從，多少才華橫逸的時人彥秀傾心其中，數說不盡。即使在薈萃中國文哲菁華的唐宋八大家中，也有潛心專研者。

王安石貴為北宋丞相，最後被封為荊國公，他的一生可說是充滿傳奇，我們大多只知道他在熙豐變法時的主張——設立制置三司條例司、均輸青苗、保甲置將，以及和韓琦、司馬光等北宋名臣間的黨同伐異，與黨爭後關係北宋國祚的變滅之因果。對國學有所研究者，或者也會對於王安石在儒學上的成就感到驚豔，即如蘇軾所言：「網羅六藝之遺文，斷以己意，糠秕百家之陳跡，作新斯人」，如此一位大學問家、大政治家，權傾一朝的風流人物，殊不知在此風起雲湧的時代浪濤裡，王安石度過如此驚濤駭浪的憑藉，卻是一本時刻捧讀的《楞嚴經》。

王安石自幼因為他的父親王益在家中供奉西方三聖，為他奠定了在未來的下半生修學佛法的因緣。特別是日後鑽研《楞嚴經》深入研究到《觀世音菩薩耳根圓通法門》，更是受用無窮。

「州州人物不相似，處處蟬鳴令客愁。可憐南北意不就，二十起家今白頭。」多年來受到佛經的洗禮，王安石早已深諳人世間本是八苦所集之娑婆世界，眾生各有其因果業力。他一生中最大的挫折並非政治上的黨爭失意，而是其子王雱的英年早逝。其子王雱剛開始人形驟變之時，當然他也無法接受，原本前程似錦的大好青年，為何會染上如此的精神疾病？

他經常往返於寺廟，求助於當時的禪師及修行人，最後他明白了一切定業難轉，因此他放下他過去的執愛，他選擇了接受，他也徹底地體悟到造物者以及上蒼在他生命中所示現的是要他參悟，也是要他面對自己畢生中原本超過於對自己生命更鍾愛的，一旦失去了，他如何去面對逾恆之痛，更要他去明白把他最鍾愛精解的《楞嚴經》裡頭所說的七處徵心及能所相對等等……一連串的境界和覓心法門，在這一段時期裡，陪伴他度過了心靈之海飄搖動盪的日子。

在王安石辭去了宰相之職以後歸老還鄉的那段時間，他幾乎天天輪流讀誦的就是三部經，他非常偏愛《維摩詰經》中的入不二法門，《金剛經》裡頭的四句偈，當然最精通的莫過於把整部《楞嚴經》早已爛熟於胸，並且逐字地做疏註解，連當時著名的禪師都自嘆不如並且合十讚嘆。

「霜筠雪竹鐘山寺，投老歸歟寄此生。」在他隱退的十年當中過著平淡如同老僧般的生活，其實這何嘗不是《楞嚴》中觀音菩薩所說的現宰官之身，演說妙法之示現。他對於《楞嚴經》幾乎日日捧誦，時時參究，每每讀後多做眉註，閱後小得，數年之內足以用車載斗量、牙籤萬軸形容亦不為過。

佛陀在《楞嚴經》中老婆心切地用了七種方法，目的就是要阿難可以真正地看到心其實不在內、不在外，也不在眼睛所看之物，直接破除他所自以為是的能所相對。佛陀在和阿難的一唱一和，便是對於末法眾生最具體實在的法寶。更說明了，能夠斷除我們眾生的根本煩惱的處所，並非遠在深山的古剎，更不是高居在法座上面的成就者，可以斷除我們煩惱最重要的道場就是在你的煩惱上，心不能有所分別，也無須揀擇善惡，要知道我們一切眾生的根本道場其實就在我們每一個人的根本煩惱上，不要選擇避開煩惱，要真正地願意去和煩惱相約，才能確定能否取得如何可以轉化消除煩惱的鑰匙。

王安石獨步《楞嚴》，在佛門中無人不曉，尤以洪覺範特別以文讚嘆，本書即以王安石的軼事為軸，引領出《楞嚴經》中的諸般奧義。其人其事，典型在夙昔，值得學人仔細品讀。

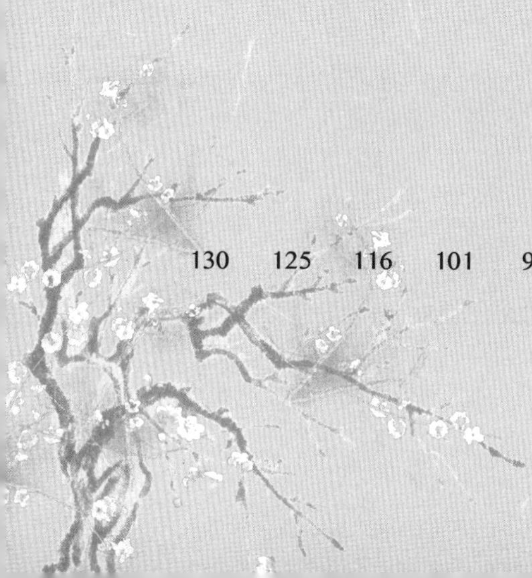

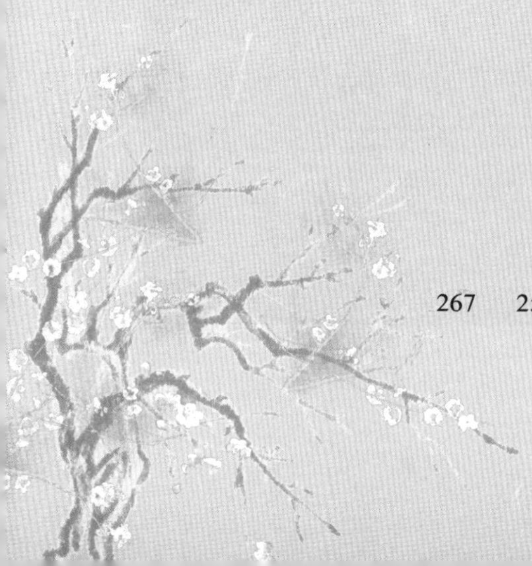

改革先驅王安石

江西東部的臨川從歷朝以來出了不少振翹搖楚的俊彥之才，傳頌紛呈至今不墜，數說不盡。先從歷史上的角度來看江西，在滾滾的浩瀚歷史奔流之中，出了多少霧列星馳的風流人物，光是在歷史上近千年來所孕育出的狀元，就超過五十人，擔任過宰輔的也將近百人，其中分布在不同的專業領域上更是各領風華，思緒中閃過的沒有一個在歷史上不是震古爍今或被尊為不祧之祖，如歐陽修、文天祥、曾鞏、黃庭堅、王安石、朱熹、陸象山……近代的文人及藝術大家亦有陳寅恪和傅抱石等分布在江西省各區，各自綻放出自己的魅力與風采……在北宋時秀出的歷史人物中，被研究和爭論最多的應該是王安石，褒貶皆有，而影響王安石一生，在歷史上爭休不定的皇帝就是宋神宗，在那個時代裡宋神宗經歷歷史權力替換，是在位僅有十八年的短命皇帝，但是在這十八年的過程中卻影響了王安石的一生。宋神宗即位時極為年輕，年僅二十歲，當時整個國家除了軍費捉襟見肘，浩繁的開支以及諸多官僚的陋習，使得處處百廢待舉，王安石參政時國庫已呈凋弊，虧空窘態，窟窿多達一千五百七十多萬，宋神宗一上位後，幾乎每日都如停不下來的陀螺一般，到處張羅有何良策可以彌補先人殘留下來的這塊燙手山芋。但是，初生之犢不畏虎，雖然當時的宋神宗還是一個慘綠少年，但他擁有著年輕人那股不畏艱難的衝勁，所以，他非常看不慣一幫老臣平日裡飽食終日、無所事事、裹足不前的態度，因此他認為唯一的方法就是變法，他一開始不假思索考慮到的對象便是王安石，這就是歷史上有名的王安石變法一案，但可惜的是這位北宋第六個皇帝雖然有心振興朝綱，不幸的是滿腔的壯志未能實現，卻成了一位短命的皇帝……。

如果有欣賞過〈清明上河圖〉的人，便可以了解這幅手卷是由宋朝極著名的大畫家張擇端所繪，整幅畫所描繪的背景是以當時最繁華的首都汴梁當地的居民日常的生活細節。那時正逢清明時節，因此整幅畫便可以看到當時的社會現況、士農工商不同的衣著裝扮和街景樓閣亭榭，幾乎是一幅再清晰不過的透視圖……這也是目前大幅卷軸畫作中最具有傳世價值的代表作。這幅畫原尺寸約為 10 x 207 英寸，由於繪製的過程極為細膩，有別於前朝不同的畫家，因此歷代以來便成為了藝術創作仿效的珍品，甚至於也都被列為國寶。雖然原創作不管是在寬度和長度上不能算是極為寬長，但是令人嘆為觀止的是畫家可以在構圖上筆觸清晰地構畫出不同的人物數算不清，海面上往返停泊的船隻將近三十艘，馬、驢子等動物兩百多頭，街道景觀不同的建築物也有三十座……街道兩旁栽植豎立的樹種也共有一百七十棵……總而言之，這種嚴謹的畫法、巧妙的手筆很清楚地記錄著當時最繁華的首善都會區最早的浮世繪……。

〈清明上河圖〉橫出流傳一直是歷史上公認的，它是最能清楚描繪宋朝優美的湖光山景，以及象徵有宋一朝當時最能夠代表整個國家社會繁華安樂最重要的歷史文獻。在那個朝代，可以說是中國的文化及藝術產物最豐碩的時期，同時也孕育出不少的千古風流人物，例如范仲淹、蘇東坡和王安石等人，這其中最為歷史上學者專家爭相描寫的就屬王安石和蘇東坡。

特別是王安石他不但貴為丞相，又是政治上創黨的領導人，最後也被封為荊國公，他的一生可說是充滿了傳奇，就連歐陽修也曾經不止一次地讚美他，最後甚至於寫下了「翰林風月三千首，吏部文章二百年。老去自憐心尚在，後來誰與子爭先……」由此可以了解到王安石在當時的地位與受人崇敬之一斑。王安石的發跡應該從曾鞏向歐陽修推薦他的文章開始有關，曾鞏在八大家之中以文章取勝，風行於當世，據說在當時只要他的文章一發表，舉世之人三天之內便會風行，當時的讀書人也都以讀誦曾鞏的文章視為一種光彩之事，當時的王安石也可以說是他的粉絲之一。曾鞏是一位心思極為細膩的文豪，或許他的創作與他的敏感度和豐富的聯想力有關，只要是日常生活當中所發生的風吹草動，他都可以透過聯想，成為篇篇錦繡之作，往往他人所寫的文章在他細讀之後，很快地他也會用心去創作出更勝於前人的作品，哪怕是和方外之士一席之談，他也可以變成勵世之作。曾鞏之所以會成為天下大儒所效崇的對象，應該也與他本人剛強不阿和崇尚道德有關，凡事在通情達理之中，還必須要有是非對錯的註腳，經由他謹慎地思惟後，才會給一個鐵釘錚錚的答案，絲毫不會苟從。一個人的人格養成和他的出生背景自然相關，以曾鞏而言，從他往上一直到他的前面三四代祖先都是北宋著名的大臣，所以也可以算是官宦世家再兼書香子弟。曾鞏的父母當時和佛、道僧侶多有往從，尤其是他的母親特別篤信佛法，對於僧眾更是恭敬有加，其中和她特別有緣的是一位草堂禪師的和尚，也許是宿世的因緣，曾鞏的母親在很年輕的時候就學佛，供養三寶，特別是這位草堂和尚，他的母親除了供養這位草堂和尚四事資具之外，幾乎一有閒暇便親往寺廟承侍和聆聽法教，所以這位草堂禪師非常地感念曾鞏母親對他的供養，僧俗之中便有了殊勝的善緣。這位草堂禪師也是開悟之人，生死之事對其而言已經自在了得，在他九十歲往生之前，一日他對曾鞏的母親類似開玩笑地說道：「過往承蒙夫人無間斷地供養，如今老僧世緣已了，為了念報眾生之恩，我未來即將投生於汝家……」當時曾母以為是戲言，也就不曾掛念此事，但後來在曾鞏即將誕生之前，他的母親突然間想到往昔草堂和尚所講的一段話，她將信將疑地派人去寺廟裡詢問草堂老和尚的近況，沒想到才剛圓寂不久，當報信的人回到曾家之後，曾鞏也適時出生，所以曾母相信曾鞏的出世應該和老和尚的諾言有關。

不管這段軼事的真實性如何，但是曾鞏甫一出生之後，所展現出來的一切秉賦便和其他兒童不同，聰明異常、鶴立獨行不同於一般，十二歲開始在地方上就享有名氣，長大以後除了名聲和科名雙享並且官運亨通……由於曾鞏從仕以後有許多機會和寺廟有關，他結交了不少禪師和尚，也閱讀了不少大乘的經典，曾鞏學佛的薰陶啟蒙雖然源自於自己的原生家庭，但也許他真的是禪師再來，和佛法的因緣自然也有別於一般的芸芸眾生。或許人的習氣沒有那麼容易轉化斷除，曾鞏人在公門雖然也知道無常迅速的道理，但是他的行事風格及稜角卻始終無法改變，特別是他剛正直諫的習慣，有時也會讓某些出家眾招架不住，例如曾鞏有往來的某一位和尚在信州蓋了一座輝煌異常的寺廟，曾鞏頗不以為然，直言無諱地對和尚說：「目前舉國上下都在和西夏國打仗，全民備戰，所有的老百姓都是緊衣縮食，竭其所能地把對國家的奉獻全部用在於對外的戰事，但和尚諸位你們卻把老百姓所給予的金錢揮霍，毫無用度地粉飾……」

道信參學楞伽經

在佛教的歷史軼事上歷代的祖師大德高僧，他們都有著很傳奇又膾炙人口的轉世故事，例如禪宗裡面很著名的祖師五祖黃梅，他原本過去世也是一個修道人，當時所住的山頭叫做破頭山，破頭山是在湖北省黃梅縣的西北方，也有另外的名稱叫做破額山。唐代的時候禪風極為鼎盛，許多禪師大修行人都曾駐錫此處，最為有名的便是禪宗的第四代祖師——道信大師就曾在此禪修，此處後來便改名為雙峰山。道信大師在此一住長達三十年，道信禪師自小慕道之心極強，在極幼時便選擇了沙彌這條出家的道路，當時他所追隨的師父是禪宗的第三代祖師僧璨大師，整整在其座下修學佛法有十年之久，但是此時並還沒有受出家具足戒，之後僧璨有著別的因緣移錫廣東羅浮山。當時的羅浮山是為嶺南最重要的山頭，山巒起伏，風光旖旎，冬季沒有嚴峻的寒雪，春天百花怒放，可以說是修行人心目中最適合值居禪修的風水寶地。自從師父僧璨大師離開之後，從此道信就每日精進地依止僧璨大師教導他的禪法，無懈怠地修持著，直至二十一歲之後才有機緣正式圓頂，步入僧侶的生涯。當時的佛教還算鼎盛，光是寺廟就有上千所之多，出家眾全國也有數萬人之眾，習佛的風氣十分風行，無論是朝廷上下以及朝中一切要員，或者著名的學者和飽學之士，幾乎都把學佛看成是生命中必然的一事。唐朝的寺廟管理法規通常是由尚書祠部司在負責，算是歷朝歷代中比較特別的一種管理辦法，這也是從唐代開國以後，參考隋代的方法而擬定出來的佛道規矩……。

原本過著出世沙彌的生活，後來深究了解整個佛家的思想以後更擬定了出來佛道規矩，道信大師便是在這種大環境看到了寺廟中諸多的陋習，心中有許多的感觸，後來申請出家，被分往江西的吉安縣，自在勇敢地修持。

出家以後的道信大師有別於其他的僧眾，他除了自己獨自修持以外，後來有所覺悟以後，也曾經用行腳的方法參學在江南一帶的寺院中，最後抵達了廬山大林寺，在這座寺廟他整整住了十年……後來道信到了湖北黃梅以後，三十年裡面不知度盡了天下多少人，當時在他的住持之下，光是出家、在家四眾弟子便有五百多人，一時之間聲名大噪，從其出家依止者共有五百多人之多。由於禪風鼎盛，當然也傳到了當時的唐太宗，唐太宗聽取了許多出家眾對於道信大師的讚嘆，連唐太宗都曾經不止一次地催請，希望道信可以接受皇帝的邀請入宮，並且接受供養，但從開始到最後圓寂，道信大師始終未曾接受過唐太宗的迎詔……。

後來道信大師把法派傳給了禪宗的第五代祖師，也就是弘忍大師，人稱黃梅。黃梅大師從道信所得到的家風是依靠《楞伽經》做為一心參學的根本，主張一行三昧，也就是說唸佛的心是佛，一切的妄念都是凡夫，這是道信大師從僧璨處所領受到的依《楞伽》為宗，主張一切的眾生都有佛性，平日以修持禪定和返聞自性觀心為主，把一行三昧視為唸佛的方便法門，並且結合了菩薩戒……。

道信大師的一生在出家以後也充滿了傳奇的色彩。某一次在吉州，道信恰好帶領大眾正在精進修行，那段時間各處都有盜匪圍困著城市接踵發生，當時的吉州城也是如此，因為已經被圍困了將近三個月之久，所配給的兵糧已經不符所需，城內所有的居民天天困坐愁城，不知如何是好，奇蹟的是自從道信來到城內之後，原本已經乾涸的水源霎時之間各處的泉源皆開，頓時解決了所有城中眾生的燃眉之急……。

其實真正禪師一旦開悟，信手捻來無一不是佛道，吉州城各處靈泉現水，除了被老百姓認為是吉祥之兆以外，連吉州的刺史還親自頂禮道信禪師，希望禪師可以為城裡的百姓解決盜賊之亂。當時道信禪師所使用的方法其實是極為方便的智慧大法，他要大家集合起來輪流唸誦「摩訶般若波羅蜜多」八個字，說起來很奇特，或許是所有的百姓齊心，同聲輪流地唸誦，沒有多久圍守在城外蠢蠢欲動的盜賊，有不少人都看到了整座城牆上駐滿了英武的守軍，並且都化現為高孔神武的密跡力士一般，個個高聳入天，無法逼視，最後所有的盜匪只能潰敗而逃……。

禪宗的四祖道信其實也不是平常人，腦筋好、智慧高不打緊，據說他一年裡面可以清楚地讀誦了解十幾卷經，道信在當時，他所有的一切言行舉止便異於一般常僧，例如：尚未圓頂剃度，但圍觀於身旁的僧眾，只要有人唸經誦持大乘經典，道信法師輕鬆自在地一經過其耳，便可以全部聲聲入耳，也可以倒背如流，當時他的年紀還非常地小，但是在他幼小的心靈有其他殊勝的法緣，這些都是私事……後來他七歲出了家，道信法師由於過去世的法緣，後世也有另外的說法指明了當時幫道信剃度的剃度師大眾都知道他的戒體其實是有虧損的，尤其在私底下很多戒律都沒有遵守得很好。道信曾經很尊重客氣地提醒他要遵守戒律，可是對方礙於師道的莊嚴，從來未曾聽取過道信法師的建議，雖然他是他的剃度師父，他不遵守清規，那是他的戒律，道信不便置喙，因此他選擇私底下更加地持守戒體，終生護持未曾停頓過修法，這個時間整整有五年之久。

後來，在他十四歲那一年就到舒州去向三祖僧璨求法，拜他為師，僧璨大師極為滿意，如此整整十年的時間，道信法師一直都伴隨著僧璨大師過著清修精進的日子，一面親近著僧璨大師，另一方面他也二六時中一直寸步不離地當著隨侍的弟子，可以說是他青年時期最幸福的時光。到了他二十七歲的時候，僧璨大師經過了長時間的觀察，他相信道信大師是可以承受衣鉢的人。

四祖道信大師一生當中接引眾生無數，門下僧侶如雲，但最重要的兩位傳承其法脈的弟子，一位是禪宗的五祖弘忍大師，以及另外的法融禪師。道信大師在世時主政的當朝皇帝是唐太宗，唐太宗一向對於能人異士都特別地禮遇跟敬重，當然如道信大師的才學出眾，戒體清淨，受萬民所景仰恭敬的高僧，唐太宗當然是早有聽聞，唐太宗也想有機會能夠一睹道信大師的聖容，奈何道信大師對於世俗一切的名聞利養早就視如草芥一般，何況是功名和利祿更是如同浮雲一樣，他知道唐太宗可以稱得上是一位明君，但是，道信大師始終卻不想攀緣，前後唐太宗多次特別下了詔書要請道信大師入京受詔，可是道信始終都以身羅疾病為由拒絕入朝，總共有四次道信都不想入宮。雖然天威難犯，唐太宗即便胸懷寬如溝壑，但是一再地拒絕皇命和邀請，總有面子上的問題，一直到了第四次，唐太宗已經火大了，直接就跟道信講，這次如果再請不動他，皇帝的尊嚴將來要擺在哪裡？但是，無論用盡了一切的方法威脅利誘，道信始終如如不動，即使到了最後一刻，朝廷所派出的信使拿了大刀準備要砍殺取他首級，道信大師在當時更是一派自若，寵辱不驚，這點連使者都讚嘆不已，最後也只能無奈地把實情稟報於太宗皇帝。唐太宗是一代聖君自然不會因為道信的沖犯容顏而挾天威令道信大師難堪，他反而心中生起了更大的敬仰之心……。

弘忍的前世今生

禪宗傳法到了五祖弘忍的時候，原來這位弘忍大師他的過去世是一位道人，當時也住在破頭山，破頭山在中國的佛教歷史上堪稱有名，有不少的傳奇軼事發生在這裡。前面有講過禪宗的第四祖道信就住在此山，後來這座山改名為雙峰山，道信禪師在此駐錫之時連唐太宗都仰慕他的道風，多次亦要召見不得其門，甚至於太宗要強行約召，他不惜引頸赴義，在所不惜。

有關於往昔弘忍大師的前生栽松道人，他和四祖道信結緣於破頭山，是因為栽松道人當時仰慕四祖道信的禪風，故而叩道請法。當時他問四祖說：「禪師，你目下正在推廣的宗下解脫之要，我是否也可以聽聽看？」

當時的栽松道人其實年歲已經老邁，四祖坐在法座上淡然地瞧了一下座前的栽松老道，他搖搖頭，接著嘆了一口氣告訴他：「你這一身老態現在才來求法，就算我為你開示法要，即便你開悟了，但是你也沒有辦法把我的法弘揚下去，如此豈不可惜？這樣吧！如果你向法心強，你就換一個身體再來一次，我可以在這裡等你回來。」

這時的栽松老道聽了四祖的這番話，雖然心中很不是滋味，但也無奈，因為思前想後，道信禪師所言也不無道理，當時他心裡這麼想著：「我已經風燭殘年，的確也有心無力，雖然向道之心是有的，但是未來如何可以紹揚禪風，這倒是一個大問題，不如發願再來投胎，再來大師座下求法，這也是一殊勝之法緣。」就這樣子栽松老道一邊思惟四祖道信對他所做的開示，一邊也正在想著接下來的路要怎麼走。走著走著，在岸邊他看到了一位正在洗衣服的女孩子，栽松老道心中竊喜，他觀察了一下和這名女子恰好有宿世之善緣，就自然地向這名女子請求：「不知姑娘可否讓我暫時借宿時日？」

河邊的這位少女生性單純略帶羞澀地對著栽松老道說：「長者如果是需要有一個住宿之處，我可以帶領你到我住處，向我的父親和兄長商量看看。」少女涉世未深，不明白老道言中之外另有隱情，講完之後隨即起身，準備要帶著他返家，向自己的父兄商量。

這頭的栽松老道臉上堆滿了笑容，滿心感激之情地向這位少女說：「真是太感激了！現在妳既然答應了我，我才敢放心地和妳同往……」這時少女也來不及太深入地了解，就領著栽松老道一邊朝著回家的路上邁進前去。

這名少女她真實的身分便是未來五祖弘忍大師的生母，俗姓周，在家裡排行老么，平日裡寡言但知書達禮，仍然待字閨中。但是，自從她遇到了栽松道人那天開始，過沒多久竟然肚子莫名奇妙就大起來，這在當時禮教風俗保守的村莊裡自然是一件驚世駭俗的事情，況且未婚生子，這對家人來講無異是件晴天霹靂的事，最後便被逐出家門。這對於從小便在家裡成長，大門不出、二門不邁的少女來講，霎時之間令她極為不知所措，那怎麼辦呢？她只能有一餐沒一餐地過著流浪漂泊的日子，剛開始還是留在自己的村莊裡幫別人處理柴、米、油、鹽之事，到了晚上為了生存，她就隨意地找了一家店鋪幫忙打理。那段時間裡少女過得十分艱辛，一面又要忍受著他人的閒言閒語，日子肯定是不好過的，就這樣時間飛也似地過去，最後終於把小孩子順利地生下來。但是，年少無知的少女由於長時間忍受他人給她的眼光和壓力，她實在也無法繼續承受下去，最後她就把小孩偷偷地給放到一條水溝裡面，等待有緣的人可以養育成人。這位少女整個晚上輾轉反側內心充滿了焦急、愧疚、不安多種情緒交替穿插著，一夜都沒有辦法成眠，到了第二天天才剛剛亮，立馬就重回到她放置嬰兒的水岸邊，可是沒想到她看到這個嬰兒不斷地朝著她笑，又十分乖巧，完全不怕生也不哭鬧，兩隻小腳丫特別有精氣地來回蹬踢著，這些都讓少女非常地開心和歡喜，此情此景讓這名少女徹底地屈服和心軟。她在自己的內心深處下了一個決心，從此以後她決定她的未來就要和嬰兒一起度過一生，下了決心之後的少女，唯一能做的就是挨家挨戶沿街乞討來養活母子兩人，這就是未來的禪宗第五代祖師弘忍大師的來歷……。

四祖和五祖弘忍後來的巧遇，是有一次弘忍大師的母親帶著他四處沿街乞討的時候，剛好也碰到了道信禪師沿街化緣，或許是過去世的宿緣注定，這兩代人重新又在路上重逢，四祖要這對母子稍做停留，當時的道信大師內心裡面早已知道這位孩童的來歷不凡，他很仔細地打量端詳著渾身上下，並且又伸手摸捏著這位孩童的頭骨跟身骨，接著大為讚嘆對著弘忍大師的母親說：「妳這個小孩子太奇特，我一生中也算閱人無數，但是像他這麼特別的骨相倒還沒見過。他如果是在世間法必然是出將入相，非池中之物；如果出世間法那更是一方之主，將來必定是法門龍象，不知要利益多少蒼生！如果能夠及早出家，修行不用太久的時間，便可以成為天人之師，克紹復興佛陀的家業……」

四祖當時雖然很自信自己的判斷，斷不會有任何的差池，但為了慎重起見，想再考考他便可以更加地確定，於是問孩童說：「小孩，你姓什麼？」

五祖弘忍回答的話語倒是令四祖道信大吃大驚，他說：「我的姓是有的，但是卻不是一般人的姓。」這是當時五祖弘忍見到四祖時不假思索所回答的內容，一聽便不是尋常人的小孩所回答得出來的話語。

道信大師接著又問：「那既然不是一般普通老百姓的姓，那你倒底姓什麼？」

弘忍大師接著所回答的就更妙了，他說：「我所姓的便是佛性。」

小孩如此這般的對話令道信大師更加地肯定，他一定是一位再來人，並非常地開心認為已經找到了法派堪以造化的僧才。於是，他就私下找弘忍大師的母親商量，弘忍大師的母親昔日也不是一般家庭出身的女性，自然也有她獨特的派性，她一聽道信大師的這番話，同時再回想弘忍大師自出生起所發生的點點滴滴奇異的事件，其實她心中早就有數，這小孩終究有朝一日會離她而去，留在她的身旁對小孩是沒有幫助的，最後她滿心歡喜地將弘忍大師交代到道信大師的手上，成為一名佛弟子，就這樣彼此結下了吉祥的法緣。

出家以後的弘忍大師由於天資聰穎，一切經論過眼成誦，再加上心中無物，所有的起心動念都回歸於法性之中，平日裡一切的行、住、坐、臥未曾離開過佛道，對待四眾佛門弟子皆是懷著菩提心，並且要求自己一切起心動念全部都是在內中的覺性當中，絕對不要被外境所污染。在平日裡弘忍大師經常要求讓他為寺廟裡多做些法上的事務，藉以消除無始劫以來所累積的業力，所以他一經點化以後就知道修行這條路究竟如何行使才是正確的……而最難得的是，以當時一個甫出家沒多久的情況下是很容易產生煩惱心的，但是，弘忍大師年少時就有不同於一般人的深遠抱負和過人的毅力，所以從他出家以後那般地刻苦耐勞、日夜精進，經常是打坐打到天亮，從來也不會覺得辛苦，不但在大白天他有時候上山下海，即便在夜裡中間更是攝心不亂地參禪到天明。除此之外，畢竟他是修行已經達到一定的證量，漸漸地他從默默無聞的少年沙彌，由於四祖道信不斷地給予法教鍛鍊，終於得到了一脈相傳到四祖為止所有修行人所夢寐以求的機會，繼承衣鉢。

一個大師的鍛鍊可以橫空出世，必然有其勞苦心志、出人意表之舉，方有辦法於色空不二之境中擔荷如來法派之家業。雖然在當時的僧團中儘管有許多同門因嫉妒而滋生之非議，但是弘忍禪師本其寬恕菩提之本願，無視於毀謗及障難，不斷地對境練心，在群體中用歡喜心以德服眾……從他的雲水生涯回憶中便可以了解，當時的弘忍大師幾乎日夜向道，從未停歇過，甚至於在寺廟中，所有的僧侶安歇之後，眾人皆睡我獨醒，刻苦不沾蓆，專注禪坐直至東方升白。長此以往，漸漸地同修之中愈來愈多人尊他為表率，並且連本寺以外十方緇素莫不雲從叩法，有時候一月之間來訪者竟超過千人，當時連尚未圓寂的道信禪師也十分地歡喜，更加強於禪法上之鉗錘。四祖道信是在極為信任的心態下把付法的重責直接託付給弘忍大師，果然接法以後的五祖黃梅門風大振，在圓寂之前也把宗下法派傳授於第六代門人惠能大師、神秀法師、智詵、慧安、法如等一班優秀的出色法器近十人，最後把禪法直接傳授給六祖惠能大師。

熙寧變法釀黨爭

王安石雖然貴為北宋時期著名的宰相，在還沒有掌握宰輔實權時，已經是舉國文人圈極受肯定、敬重的一位文豪，在政治上同時也有卓越的見解，因此一朝得勢，自然如同扶搖直上的青龍一般不可一世。儘管如此，由於自小養成的習性，他是出了名的摳家，用錢都是在刀口砧板上，萬不得已時才肯出手，對於生活上一切的開銷用度，是所有當朝裡邊最為簡約的一位。或許因為如此，連洗衣服的水也不肯任意地耗費，如此一來，朝中大臣經常議論紛紛的就是他所穿著的朝衣很明顯都看得到所沾染的污垢，甚至於眼尖的人也可以看得到他的髮間在不戴官帽時，還可以清晰可見爬行於髮鬚之上的蝨蟲，這是滿朝文武眾人皆知之事。但也有一說，王安石雖然自奉甚儉，平日裡也不與任何同僚喜喪往從，所有耗費資財最多的均是在供養寺院、三寶和蒐奇羅集世界一切的奇書，並且日日投身於書海之中，廢寢忘食，而忘了梳洗一事，往往讀書到東方既白，來不及早膳，匆匆即赴宮中早朝，因此博得了一個「蓬頭垢面宰相」之稱。

王禹玉和王安石私底下的感情極好，既是同僚，又有無話不談的投機。這王禹玉本身的出身是進士之家，從他的五世祖以下，全門皆中過進士，他的父親王準自幼對他的督導極嚴，這對於王禹玉後來可以享有「三旨相公」的頭銜自有其來，但也正因為如此，他在掌政近十六年的時間日日進朝，最重要只有三件事情，一個是取聖旨，再來就是領聖旨，以及得聖旨，其餘幾乎是一份閒差，毫無建樹，只能說這是他過去世換得的福報。王珪的後代也出了幾位名人，其中他的女兒後來嫁給了李格非。李格非在北宋時也稱得上是一位著名的文學家，但是年少時他專長的卻是經學，努力苦讀之下，博得進士之名，由於聰穎善讀，最後在文章一事也別有出奇之格，顯露於當世。後來值遇了蘇東坡，蘇東坡對於李格非的文章極為欣賞，此故難免有提擢之遇，對此李格非至老莫忘。雖然如此，他對於當代文學上的奉獻，並沒有太大的建樹，反倒他的女兒李清照詩詞的造詣獨步於天下。

王安石和王禹玉兩家既是同宗，私下又經常有往從私訪，所以兩家人極為熟稔，家常便話中也唯獨有王禹玉敢用戲謔的詞句調侃王安石。有一次，退朝之後，王禹玉見王安石心不在焉，獨自踽踽往前獨行，忘了身旁的王禹玉，又見王安石喃喃自語，當時的王禹玉就信步向前地問王安石，為何搖頭晃腦，自言自語？王安石語帶不解地向一旁的王禹玉說：「很奇怪，今天皇上早朝時為何衝著我、瞇著眼不斷地搖頭頻笑……」

王禹玉笑笑地說：「你是真不知道，還是糊塗？你難道忘了，皇上一邊在頒布朝事，你老兄卻拼命地在你的鬍鬚上面找蝨子，那模樣煞是逗趣啊！」

王安石這時才回過神來，用手拍拍自己的後腦勺，哈哈大笑說：「原來如此！」

另外，關於王安石在生活上還有許多令人發噱的趣事傳聞。王安石在朝總有些可以飯話家常的同儕，例如張方平也算是王安石一度往從甚篤的同朝，直至兩人政見不合為止。此人自年少時便常有奇文發布，在文人中頗為受人敬重，在當時的政治場合中宋綬就特別欣賞張方平，總認為他是不可多得的奇才。宋綬在宋代早期的書法壇中，也算是一位受人敬重的佼佼者，他的書法超倫精妙，不落於俗套，清臞中自有風雅，在當時許多人以求得隻字片語便覺榮耀。宋綬儘管文采斐然，但是平日裡酷愛閱讀，據說他經常為了讀書，連吃晚餐的時間也荒廢，甚至於如廁時也有吟哦之聲頻傳，像這樣子的好學態度，後來被賜等同進士，宋仁宗的時代，對他頗為重視，一路累官到兵部尚書。在位期間也經常為朝廷網羅後起之秀，張方平便是被他相中的一位……。

雖然張方平對王安石某些言論上見解是不相同的，但對王安石私人的評價，倒是有一番見解，他認為當時的人總要拿王安石的不修邊幅做為話題，他認為王安石之所以無顧於形象，又不修邊幅，他覺得他是一位不落俗套，不會把時間浪費在毫無意義的交際應酬上，其餘時間他都爭取不浪費地深入經藏。

因此，就更無私人的空閒去顧及到自己的尊容，所以任何人見到他時，經常是油頭垢面，因為他的時間大部分都用在做學問上，連洗臉的時間都沒有，他認為把時間花費在梳洗和化妝，這對他而言是一份要命的差事。如此一來，便可以理解王安石為什麼經常是在臉上蒙上一層灰濛濛的暗氣，原來是有原因的！若非如此，王安石豈有那麼多的好文章可以傳世？

往往才情出世的人，自然也有睥睨傲視的風骨，我們可以從他擔任宰輔之後所推動的變法，便可以看得出這是王安石本身個性的直接反射。除了本身的剛正不阿，求新求變的精神，同時主張把中國的傳統財稅制度做一個突破性的改革，這個舉動觸發了當時朝廷內部兩派之爭。宋神宗有心為當時的朝政做一改革，他很欣賞王安石的行事作風，多次私下詢商之後，宋神宗更了解王安石的胸懷和抱負，於是便頒布了要王安石出任宰相一職，從那一刻開始，早就形成了和當權派的矛盾，偌大的朝廷之中卻暗潮洶湧地存在著政治上的暗流。雖然當時大多數的人都支持新政，但是當王安石正要推動政令的時候，卻又覺得無法邁步向前，有股遍地荊棘轉身還難的阻力，並且在當時朝中還有不少有影響力的老臣，從變法一開始像歐陽修、蘇東坡還有司馬光，這些堅持不變法、不附議的老臣不斷地釋放出種種反對的輿論風潮，甚至於到最後變成了舊黨獨大的場面，這令王安石極為不滿，認為改革必然經濟必須獨立的主張，但是不管用任何理性的管道，最終皆是石沉大海。這場北宋政治歷史中最長的黨爭之亂，前前後後延續了五十多年，這中間最主要的關鍵，全是因為排除異己、肅清政敵是當時最重要的目的和手段，王安石便是在這種風雨飄搖中，時刻很需要被肯定和重視的心態下，未曾滿願過，最後才會有隱退之心……。

贊元盡透機鋒處

那段時日王安石必然是惶惶不可終日，完全看不到未來，經常鎮日裡獨坐書齋的座椅上一怔便是半天，雖然手裡全捧著書卷，但一整天卻無法翻篇。這段時日他難得可以偷閒悠哉地過著鄉野生活，當時他所居住的地方是在江蘇一處山陵名為鍾山，又稱為紫金山，此處有一所慧覺法師所蓋之定林寺，定林寺又分為上定林跟下定林兩寺，王安石就曾經在定林寺中閱覽經書，並且與該寺中禪僧有不少的對答。雖然在政治生涯裡栽了跟斗，心情也尚為苦悶，幸好他一生對於名利之心極為淡薄，由於多年來受到佛教因果觀念的影響頗深，倒也沒有太大的失落。剛罷官那段隱居的生活裡，他時而駕騎著當年宋神宗寵幸他時特別御賜的寶馬，悠遊於附近的禪院中，與高僧們談論著大乘經典，有時他徒步悠遊於鍾山附近的老林樹下禪坐冥想，日子倒也過得瀟灑如鶴。

話說，王安石雖然和佛法的因緣在早期便有接觸，公餘之暇也都是不斷地深入經藏，雖然不能說遍覽群經，但是平日裡一有機會，也是同儕之中對佛教有信仰同修中的善知識，即便在當時一般的出家僧眾，也無法對於王安石所講的佛理有任何置喙之處。王安石平日裡雖然也經常出入於禪寺之中，但真正可以讓他慧眼所入的高僧也不多，其中常有往來的應該是贊元禪師。王安石在後期也經歷了政治上的暗礁時期，這個遭遇更令他把注意力轉移到參禪、唸佛上，贊元禪師和王安石的情誼除了在佛法上以外，兩人在私交上也是無話不說的。王安石一生中，還有一件遺憾的事和痛，他的兒子王雱原本帶給他們一家的是無盡的歡愉，他的這個兒子智商與情商都很高，非常討王安石的歡心，王雱善於觀察一般人的細微之處，所以從小除了讀書可以一目十行，還善於體恤父母的辛勞，自然很得王安石的喜愛。人世間本來就存在著八種痛苦，王安石所遭受到的是令一般人最難以釋懷的愛別離苦，與自己的親生子女，白髮人送黑髮人的無奈痛苦，特別是對他的愛子王雱。王安石鍾愛他也不是沒有理由，據說王雱自小就受到鄰里的另眼關待，原因是他從小就有異於其他孩童之處，所以也有神童之稱。曾經有來訪者來拜訪王安石，來訪的人當時還帶了獐跟鹿，在等待王安石的期間，恰好王雱遇見了這一位訪客，訪客開玩笑地問王雱說：「你知道我手上拿的是什麼？」六七歲的小孩哪裡懂得和看過所有的動物，自然不識，但是沒想到王雱原來是扮豬吃老虎，戲矇這一位客人，他原本就知道他一手拿著是鹿，一隻手拿著是獐，所以王雱一邊說出答案，一邊轉身離去，留下瞪大眼睛、瞠目結舌的客人愣在一旁……這件事情在鄰里之中廣被傳播，從此之後王雱便有了神童之稱。

王雱的能力和過人之處也不是空有其神童之名，從幾處地方可見，為什麼王安石會如此地寵愛。在十三歲的時候，大宋因為面對西夏侵略之野心，朝廷頗有威脅之感，王安石也為此經常要做出對應之策，沒想到才十三歲的王雱，有時候在飯餘之暇和父親也會提上自己的一方之策，最後王安石所應用的策略竟然和王雱當時所提的同出一轍，難怪年僅少年的他，在各方面的見地早已超出大宋朝廷之中的股肱之臣許多……據說十七八歲的他早已經把王安石家中藏書親讀遍覽，並且有自己獨特的見解，王安石鼓勵他不妨著書立說，影響當時年輕學子，正因為如此，王雱的文名早已風行整個大宋朝野。朝中無論是重要的文膽也好，或是國中的文豪也罷，經常會和王雱往來詩詞、歌賦，至於他經常公開發抒的論文，一夕之間爭相抄寫也是經常之事。王雱在官名上也算平步青雲，二十之歲便一舉高中進士，但他遠大的志向無視於縣尉的頭銜，他當時是把所有的一切時間投注在經、史、子、集之上，青年英華的他，在三十歲不到之齡，就已經不斷地創作出儒、釋、道三家重要典籍之註解，這在唐宋時期，如此年輕便有此著作等身的成就並不多見，如《孟子注》、《老子訓傳》、《南華真經新傳》，再加上自幼便生長在佛化家庭薰陶之下，早已閱畢大乘佛學裡面的重要典籍，甚至於他所著作和佛學相關的一整套的見解，也廣泛流傳於各大寺廟之中，在當時的王雱可以稱得上是年輕一代的標榜之士。也因為如此，宋神宗很快地就知道了王安石的這位兒子集天下文采於一身，早就有心攬為廟堂之用，經過召見之後，更令宋神宗嘆為不可多得之神器，破格拔擢為崇政殿說書一職，接著沒多久，又被升擢為侍講。但是俗話所說天妒英才，自小就不尚運動的他，鎮日埋首於書冊之中，竟然掛疾臥榻，到最後連下床之力都無法。讓王雱最致命的應該是原本一派風光，眼看青雲直上的政治前程，以及一舉成名，成為舉國盡知的風雲人物，和娶得了如花似玉的當代美女，婚後也產下了和他基因相近的聰穎獨子，沒想到天崩地裂，自己竟然染上了不治之症，試想在這把年紀的人，誰可以承受如此巨大的衝擊？再加上文人纖細多疑的個性，沒多久，王雱竟然在心理和精神方面漸漸地異於常人。無論是對妻子以及對自己有意栽培為接班人的獨子，也殊於往常的應對和關愛，轉而用粗暴的言語和精神的虐待，夫妻之間幾近於反目，兒子更無法也不想靠近當時在他心目中如魔鬼般的父親，到了最後，小小的年紀因為整日生活在無形的壓力和恐懼之中，竟然就此夭折。試想，他的老婆龐氏經得起痛失唯一獨生子的打擊？自然是夫妻之間更形水火不容。如果是現在的天下父母，遭遇到如此的人間悲慘境況，會是如何處理？

王安石果然是不世出之奇人，一方面多年來受到佛經的洗禮，早已深諳人世間本是八苦所集之娑婆世界，眾生各有其因果業力。王雱剛開始人形驟變之時，當然他也無法接受，原本前程似錦的大好青年，為何會染上如此的精神疾病？他經常往返於寺廟，求助於當時的禪師及修行人，最後他明白了一切定業難轉，因此他放下過去的執愛，選擇了接受。他也徹底地體悟到造物者以及上蒼在他生命中所示現的是要他參悟，也是要他面對自己畢生中原本超過於對自己生命更鍾愛的，一旦失去了，他如何去面對逾恆之痛，更要他去明白他最鍾愛精解的《楞嚴經》裡頭所說的七處徵心及能所相對等等……一連串的境界和覓心法門，在這一段時期裡，陪伴他度過了心靈之海飄搖動盪的日子，漸漸地他對於生活中所有一切的態度起了極大的變化和改變。他知道眼前所有的一切都是幻化不實，父母、至親、好友、眷屬都是如曇花般地聚散因緣而已，如果愈去膠著，只能像緊握在手掌中的細沙，愈是流離飛逝得迅速，無法把捉。他開始思惟生命的意義，心究屬何物？眼前的自己在每一個當下，可以把握的究竟多少？人生最後的目的地究往何處？我們去研究或了解一位歷史人物，他生命中所經歷的以及生活中所產生的，都必有其緣起之處。從他移居江寧，在這短暫的生命最後的里程中，他為何有那麼大的心境轉折，並且全心投入於佛教經典的鑽研，與附近所有的僧人經常有所頻往，這又是如何的一種發想？人往往在遇到生命週期低谷的時候，通常會有兩種極端的反應，一種是直接地墜入深谷之中，萬劫不復，還有一種是會做生命中最後的低跳姿勢，準備一躍再起，為自己的生命做一個嶄新的註腳。王安石選擇的是讓一切歸向於寂靜，寂靜到近乎死寂，但卻又絕後再甦，因為他在眾多經典之中，尋找到了生命中無比的炬亮之處。

早在王安石尚未貴顯之時經常喜歡參訪寺院，有時掛單，為了讀取經典。年少時他最得力的請益禪師便是蔣山元禪師。這蔣山元禪師也是頗有來頭之士，浙江義烏人，他的遠祖可以追溯到梁武帝時期最著名的三大禪師之一，也就是達摩祖師、寶智禪師，再來便是傅大士。傅大士雖然是一位在家居士，可是日常起居中所遵守的規約卻又清淨如同梵僧般的生活，極受鄰近居民的敬重，對於《楞嚴經》不僅有入處，且已獲得無漏之根本智，從他所留之禪詩及語錄可以清楚地辨識，在其行、住、坐、臥間，早已進入楞嚴三昧之境。再加上他度化眾生極懂得審時度勢，看其因緣根器，隨機逗教，他對於彌勒菩薩特別崇仰，當時許多人甚至於都認為他是彌勒菩薩再世，因為連篤信的梁武帝都視他如佛一般地供養，這上面有不少軼事流傳在後，梁武帝也支持他成立了宣揚彌勒教言為主的宗派，這應該也是成為日後有心人士開創白蓮教之濫觴。傅大士從諸般若經藏中，除了深蘊般若空性之大系外，更深覺最上一路之心法，大徹大悟之下，有《心王銘》流傳，如果要詳細地去了解傅大士整個佛學脈絡及思潮，可以在《傅大士錄》當中很清楚地尋找到。目前在日本有些寺廟還保留著傳統的轉動書架，據說也都是沿襲於傅大士過去曾經發願，未來的眾生如果可以把供奉在經架上的經書，同時心中生起菩提心轉動經架，轉動一次便可以得到相當於一次讀誦完所有架上經典的功德，這應該是中國佛教最早轉經輪的起源。在西藏也非常地盛行轉經輪，尤其是年長者幾乎每個人手上都會手持轉經輪唸唸有詞，在西藏人的觀念裡，轉動轉經輪的功德等同持誦經咒，並且有無量倍的功德，現代化的轉經輪已經可以在轉軸中灌入上億遍的咒幔，因此就有轉一遍經輪等同持一億遍咒語功德的說法。轉經輪據說是由過去燃燈佛所設，當初祂是為了方便龍宮裡的龍族眾生累積福報資糧所設立，龍樹菩薩也曾經造訪過龍宮，龍王也因為如此而供養龍樹菩薩轉經輪，從那刻開始普遍地流傳在世間。在佛教中各式各樣的轉經輪裡面所裝臟的經咒多有不同，在西藏佛寺中對眾生也有不同的開示說到，如果一個手持轉經輪的行者藉由手上的轉經輪，轉動的過程中方圓一切有情眾生也都可以蒙受其利。眾生信解如此廣大的功德，也是使得轉經輪經過萬年久載的流布很大的原因……。

前面所提傅大士正是王安石親近過的元禪師之遠祖。元禪師他三歲就出家，到了七歲已經可以講經說法，所有一切經論無不嫻熟於胸，特別是對於過去古德高僧之行儀細看深解做為將來勵己之規範……這中間有關於禪師的經歷篇幅耗費瑣繁不多贅述，要講的是王安石畢生之中啟發最深的應該就是元禪師，並且一凡一僧之間交情頗深。即便後來貴為宰相，但在開悟的禪師眼裡，王安石仍然是一介凡夫，雖然知道王安石於參究之間頗有用心，但畢竟富貴場中薰染過久，身心煙火味過重，若不多加錘煉，最後終究墮入空亡，所以你看即便王安石對自己的宗下功夫極有自信，但到了元禪師這裡，所受的仍然是譏諷與棒喝。一次，王安石在聊天之中問了元禪師說：「我究竟是不是參禪的根器？能不能開悟解脫？」

沒想到元禪師毫不留情面告訴他：「你的障礙頗深，這期要得究竟看來無望，下一生再說吧！」

王安石畢竟雖然有理上之認識，但究竟還尚未徹悟之時，難免心有不堪，於是悻悻然不以為然地回答元禪師說：「你為什麼如此講？」

元禪師知道激怒了王安石，於是轉個話鋒跟他提到：「禪宗重的是心法，你的心平靜嗎？你多年來所染的習氣官威已經讓自己我執傲慢難以降服，身心內外盡是火焰，如何入道？」

王安石獨鍾楞嚴

原本王安石參禪自以為已有入處，竊喜之餘，一日，廟中拜訪元禪師，想要叩問祖師西來之意，元禪師起初停頓了好一會兒不作答，如此的反應，更令王安石心中生起了欲求之心，因為如此，元禪師才有了上面所述這些對應。在這一次的對應中，令王安石最受益的是一句話，元禪師在回應他的幾個重點裡面談到，王安石因為世俗的習氣還很深，個性又很剛直不阿，再加上自己理障特深，總認為自己已經讀遍所有經藏，但是參禪一事在於法尚應捨，何況非法？何謂非法？執法即是非法，但你又沒有辦法捨棄自己的所知障，因此心必然無法平靜。用不平靜的心，如何可以做到一念萬年？其實當年元禪師所說的似乎早已經預告王安石日後將會遭遇政治生涯中極大的波濤，果然到了熙寧年間，他的雷厲風行引起了朝中一班老臣極大的不滿，最後談判破局，王安石最終的下場即是離開政治舞台，此時他終於想起了元禪師在事發之前早就對他所提醒的問題，所以才有了令他真正捨棄名利韁鎖的決心。從此之後，對於大乘經典過去所未解的，他頓時之間茅塞頓開，毫無阻礙地智慧朗通，如有神助一般自然而解，這令他內心生起了極大的信心。從讀經中，漸漸地自己在政治場上所遭遇到的障礙，對王安石來說已如水過鴨背一般杳無痕跡，這也稱得上在他的人生中雖然慘遭巨變，但興許這是他學佛解脫的道路上所應該遭遇的對境吧！自此，王安石對世俗八法產生了極大的厭離感，言行威儀上也有極大的變化，視名利如草芥一般不為重視，對於一切的人生欲望早已淡化如同頭陀一般。過去在官職時，也許對於佛法也有極熱忱的投入感，可是另一方面又感覺到，對於世俗的某些執著及觀念仍無法馬上擺脫，每當心中處於如此的窘態時，他尋找到了平靜自己身心的方法，那便是閱讀《楞嚴經》自遣，這也是他歸老山林以後，心靈中最療癒的一件事。其間他雖然也有閱讀如《維摩詰經》，也極有感悟，他曾經為此留下了一頌：「身如泡沫亦如風，刀割香塗共一空，宴坐世間觀此理，維摩雖病有神通。」從這裡便可以看出，其實王安石在那個階段，對於空門宗下已有一定的見解。

在所有的大乘經典中，王安石最喜讀的便是《楞嚴經》，幾乎日日捧誦，時時參究，每每讀後多做眉註，閱後小得，數年之內足以用車載斗量、牙籤萬軸形容亦不為過。王安石獨步楞嚴，在佛門中無人不曉，尤以洪覺範特別以文讚嘆。洪覺範其實是一位出家僧侶，在家時姓彭，小的時候失依缺怙，只能往寶雲寺做小沙彌，後來通過天王寺佛試，依惠洪之名得以出家為僧，也算是一名奇僧。一生崎嶇，出家後遭嫉入獄二次，流放一次，其中被除僧籍二次，平反後回籍，與黃庭堅私交甚好，黃庭堅欣賞其才智，也曾教導他儒學與詩詞、歌賦，同時也和當時的尚書右僕射張商英時有互動。張商英人稱無盡居士，自小就有神名，據說可以每天記誦萬言之資，本來對於佛法不能深信，後來因為看到「大藏經」極為莊嚴，事後他說：「我雖然是孔聖之徒，所讀孔孟之學尚不及此。」因此日日研經究典，幾乎「大藏經」大部頭皆告讀盡，爾後因機緣讀《維摩經》，更令他對佛法之深瀚產生無比的信仰，其和王安石政見相融一致，支持王安石變法。張商英和王安石同為宦海之患難，後也經常以詩文研論佛法內典，狀貌甚篤，儼然大居士之模樣，曾被貶河南府。張商英曾經著有《護法論》一書留世，此書之內容大意用來駁斥歐陽修、韓愈等人對佛教之謬判。

說起王安石對於《楞嚴》的專精入迷，非但只有他個人如此，連同眷屬、家僕在其為官之時，也幾乎要求頗嚴，早晚皆有習課。王安石閒暇也會對其子女暢演楞嚴中之大意，並且數舉旨要，其中他的一個女兒極為聰慧，並且受王安石之影響也頗好《楞嚴》。一日，其女問曰：「經書中曾言，『見無所動。見無舒卷』，從這一句話我雖然可以很明白地看得出不生滅之本性，但是在這不生滅的本性中，如何可以顯現身心的真實和虛妄？又如何可以得知何為妄發？它是否就是生滅的根本？」

惠能的性相不二

王安石聽其女之問言後，並沒有直接根據本題作答，旋即舉了過去在武則天時代，武后身旁薛簡之例。薛簡由於經常侍奉於武則天身側，故而於佛法時薰日染，似乎也稍有小得。有一次，武則天命令薛簡去南華寺召請六祖惠能大師上朝面會則天皇后……藉由這一次的機緣，得遇六祖時叩問：「京城裡面幾乎所有的禪師都說：『如果要悟道，必須得要坐禪入定，如果沒有經由禪定而獲得解脫，這是從來不可能的事。』」薛簡如此地請教於六祖，並且想要知道六祖的見解跟看法。

六祖回答說：「有道無道，是從心性而悟，哪裡是靠打坐得來？所謂的『若言如來若坐若臥，是行邪道。』為什麼呢？因為一切本無所從來，也無所去，不生不滅，這才是真正的清淨如來禪；一切萬法空寂，便是十方如來清淨坐。

究竟無證，何況是坐呢？」

薛簡聽完了六祖給予的答案，接著他又提出了另外的一個問題，他說：「明是用來比喻智慧，暗是代表煩惱，如果不用智慧的光轉化所有的煩惱，那麼無始以來的一切生死，究竟憑什麼得到出離？」

六祖回答說：「煩惱就是菩提，這兩者之間本無差別。如果要用智慧對治打破煩惱，這是二乘的見解，是屬於羊或鹿一般的根器，上等智慧大利根器者並不是如此的見解。」

薛簡如同丈二金剛，摸不著頭緒，但是他還是想要一探究竟：「既然大師如此說，可否明白什麼是大乘根器的見解？」

六祖接著回答說：「明與無明，凡夫見二，智者了達其性無二，無二之性，即是實性。實性者，處凡愚而不減，在賢聖而不增，住煩惱而不亂，居禪定而不寂，不斷不常，不來不去，不在中間及其內外，不生不滅，性相如如，常住不遷，名之曰道。」六祖很明白地跟薛簡講：「沒有開悟的凡夫和聖賢之間，其實是沒有任何分別的，遠離能所兩邊，就是實性。什麼叫實性？即便發生在秉性愚癡的無明眾生身上，實性也不會消除，就算實現在地位卓然、受人敬重的聖賢身上，實際上也無分毫之增。外境所加諸的一切境界，所引發出來的煩惱中，也絲毫不斷，即便是在進入禪定的狀態中，也不屬於寂靜。因為它屬於動中有靜、靜中有動的亦動亦靜，它既不斷，也不常，它既沒有來，也無去，它也不在中間，可是也不在內，也不在外，是屬於不生也不滅，如如不動之境界，性也是如此，相也是如此。這種境界又稱做如如不動，所謂「如如」，是屬於常住的意思。所謂的不生不滅是表示它本來就從來沒有生過，既然從未產生，現在又哪裡來的滅？如果想要知道什麼是傳心之妙法，以及心地法門的重要，唯一的方法就是不要去思量所有的善和惡，到達這種境界，自然就會明瞭。至於所謂得到了進入自然本有的清淨實體，它卻是絕對的自然無染，這個不是暫時性的清淨而已，而是一種湛然常寂的境界，在如此的真空妙有的境界裡，它的殊勝之處勝過於恆河沙……」

這薛簡值此大好之機會，可以親近六祖惠能大師，恰好可以把過去一知半解的佛學概論就此徹底地解讀清楚，薛簡大為歡喜，多年來偶有習佛，所得來之訊息原來全非如自己想像中一般如此的簡易。這一趟有機緣親自請教六祖惠能，經由私下努力用功的結果，他也開悟了，心中藏不住地歡喜，因為開悟見性一直是他自小以來的心願，沒想到如今有此福報因緣，獲得惠能大師的親自講解，剎那間茅塞頓開，此一種修持的法門從未聽聞，如今驪珠在握，往生有分，大喜過望，辭退之後滿心歡喜地向武皇帝當面稟明六祖大師頭尾之緣由，令武則天更加地讚佩惠能大師的清淨及高明，為此還特別擬詔表揚，文中讚嘆大師的功夫見地，可說前無古人般地絕行高妙，此實為國家之福……除此，武則天還把六祖惠能比喻為往昔的維摩居士，並且極為讚賞六祖惠能所提倡的「性相不二」法門，讓武則天大夢初醒般，禪悅滿滿。為了表達她對惠能大師的景仰，她還供養了韓國來唐朝朝貢時所奉上的名貴袈裟，這是武則天供養給六祖惠能大師的。這件袈裟特別之處是在每一塊布上都有佛像，而且這上面的每一尊佛像都是後來武則天每天用很清淨的心，一針一針給繡畫出來的莊嚴聖像，不僅如此，武則天還供奉一只天然原礦水晶琢磨出來的水晶缽，清澈無比，十方洞見。

能了諸緣即幻夢

王安石過去經常在相國府宴請賓客，有時觀看優戲之餘，他也會提出個人在佛法上多年研習的經驗之談分享大眾，即便在後來的人生浮沉之中，他返回故里，王安石研習佛法對於大乘經典極為深入，尤其是對般若一乘更不會亞於一般的老參，在《維摩詰經》上，有時候從他和同修道侶之中的對應，也可以分辨得出來王安石對於不二法門有甚解之處，所謂法是無疇無比，它是絕對性，它是遠離一切對比性。王安石的知見最後對他的影響所及最重要的是來自於《楞嚴經》，甚至於家中眷屬也因受其影響，對《楞嚴經》都有深刻的了解。有關於佛法對於王安石個人的影響其實是很直接的，從早先一路扶搖直上當上工部的郎中，後來又主掌刑獄，這一路上都是令人稱羨的官運，所住的房舍愈趨寬敞，所得的俸祿愈來愈豐餘，可以說是過著極為上流階層生活的態勢。王安石天生在妻、財、子、祿也有他過去世積德所遺的福蔭，元配原來是他的表妹，由於出生於書香及官宦的家庭，自幼承受庭訓濡染書卷之氣，內守女眷之閨範，對外相夫教子溫良嫻淑，王安石的這位夫人自幼和王安石的感情又非同一般，尤其在王安石祖父往生的那段期間，曾經因為王安石要陪伴父親守孝，在這三年期間有機會和他一起共同研讀，在那段時間兩人已經有了彼此相知相守的默契。因此，吳瓊對於王安石的一生可以說扮演了不同的角色，隨其宦遊，不論是順勢或者是逆降，吳瓊一直是他最忠誠的伴侶，再加上吳瓊本身也是出身於官宦後眷十分明白官場政治的起伏升降，在他憂心受挫期間，吳瓊往往是他唯一可以信任傾吐的對象，再加上吳瓊本身在父親和祖父的影響之下，飽讀中國各類古籍，可謂博學多聞並且通曉人性。在兩人相處一輩子中間曾經出現了一個插曲，吳瓊理解政治場合上那些為官得仕的高官多半家裡都是三妻四妾，是當時社會上大家心知肚明的官場文化，吳瓊是一位很識大體格局宏偉的女子，有一回她沒有跟王安石商量，就託人為王安石也買了一名擁有才情和外姿的女子，先是安排在家中小住，等待王安石返家之後，心中詫異家裡怎麼突然間出現了一名陌生人，細問之下始了解前後原委。這名女子的原生家運坎坷跌宕，王安石就幫這名女子湊錢償還債務並且送其返家，從這個格局上來看，王安石夫婦佛學的造詣上已經達到了相當的境界，並且也融入於到平日的行、住、坐、臥及涵養。

另外，王安石也有一個女兒自幼受到他的薰陶，日日持誦《金剛經》以及讀誦《楞嚴》大義，一有空閒王安石便會為她解讀《楞嚴經》其中的奧義。他的女兒也算善根深厚，從來沒有給王安石夫婦帶來任何的煩惱，在王安石所有的子女裡面，這名女兒算是跟佛法最有因緣的，也最深切地懂得王安石的內心世界，從一件事情上可以窺見一二。女兒原本嫁給吳充的兒子吳安持，是當時建州人士，或許女兒和王安石夫婦的感情非常地好，再加上從小未曾離家，後來嫁給了吳氏，難免兩小口相處會有勃谿。剛開始礙於女德又不想讓遠方的父母擔憂，但日子長了，在陌生的環境遠離一切的內心援助，在身心煎熬下，她終於耐不住向王安石寫了一首言情並茂的心詩，它的內容是這樣子：「西風不入小窗紗，秋氣應憐我憶家，極目江山千里恨，依前和淚看黃花。」從女兒的詩情上面可以看得出來女兒的暗示，也許嫁人之後由於個性、家庭背景，種種條件的不同，再加上男方不懂得善解女方的心意，私下相處互動之間又有諸多的隔閡，百般地溝通也不得其門而入，想著想著便極度地思念家人，但是礙於當時的風氣，那又百般地無奈，所以才寫了這首詩，希望父親能夠為其排遣內心的孤寂與悲情。一般世俗為人父母者，假若疼愛子女接獲如此的訊息，當父母的一定也會陪著子女一同面對和處理，甚至於有些比較溺愛子女的會介入這對新人的婚姻世界，要不然就是把女兒帶回自己的娘家……總之，你問普天之下為人父母者，哪一個父母不會有私心先考慮到自己的女兒？但是，王安石卻異常地冷靜，他接獲了女兒的家書以後，他也回了一封信寫了一首詩：「青燈一點映窗紗，好讀楞嚴莫憶家，能了諸緣即幻夢，世間唯有妙蓮花。」在世間法來講，許多人最難轉化跟斷除的就是對六親眷屬的執念，特別是在出離心的認知，更難真正地做到。學習佛法目的無非是希望體悟人生無常，萬法如幻，更進一步產生厭離心，這對於一般人而言，如果沒有深厚的佛學基礎，以及夠多的人生八苦，再加上執著於名利愛欲的追逐，往往投入了世間八法的罥網就很難突圍而出，畢竟要達到出離，以佛學的境界來講是必須要斷除一切的煩惱，這是一種很高的境界，一般人也只能在這期的生命中儘可能地去做到學習出離。另外一部經講到出離，境界就更高了，《佛地經論》中說到了出離就是涅槃的意思，以字面上的解釋，出離心所講的是自己生活在這個娑婆世界的空間，必須從生活上所碰到的各式各樣的境界去了解，並且朝著出離的方向去追求，否則怎麼有可能去體會出這個世界上所謂的無常跟痛苦？沒有對痛苦真正面對過與其共生共存過的經驗，要生起出離，如同癡人說夢一般是絕無可能。如果現代的父母遇到自己的女兒遭遇到夫家百般地凌虐，應該絕無可能有王安石的格局和淡定，如果沒有一定的出離心的素養，同樣地，要在轉化煩惱甚至於滅盡一切煩惱，這是絕無可能的。一個人如果對於出離三界輪迴的觀念未曾建立過，他又如何從貪、瞋、癡、慢、疑之中獲得解脫？又如何可以真正地從三界裡面產生很清楚的厭惡感和出離心？

過去有一位學員，原本和其丈夫是在大學時期便認識的男女朋友，經由數年的交往同時也取得雙方家長的祝福，彼此歡歡喜喜地步入禮堂，但是到最後卻因為女方嫁入了男方開始和婆家的家人相處，才發現完完全全和自己所想像的不一樣。在和先生交往期間，婆婆每次表現出來的關心和體貼，一到了婆家卻如同換了一個人似的，她形容自己讀到了研究所，為了討得公婆的歡心放棄了高薪的公職，一心想要好好地和另一半為婆家產下一男半女。從進入婆家大門之後不到一個禮拜，婆婆每天早上六點鐘不到便會來敲門而且還要求夫妻兩個人的房門不能深鎖，方便婆婆隨時可以找得到兒子，原來她的丈夫從小生活在有三個姐妹的家庭，他是唯一的家中獨苗，所以從小就生活在鶯鶯燕燕的女人窩裡，是標準的現代媽寶。戀愛是盲目的會遮蔽住彼此的雙目，所看到的都是粉紅色泡沫不同的綺麗世界，交往過程中女方只去過男方的家中兩三趟，當時男方的家長所表現出來的態度儼然父慈母愛的模樣，被愛情的糖衣包裹下的女方完全是在喜滋滋甜蜜蜜的相處下，完全地失去應有的警覺性。當時她考慮到的和看見的是男方家裡有一套五六十坪的屋子，並且將來是會留給男方所有，再加上男方的父母都是政府的公務人員，除了有固定的終身俸以及不錯的優退待遇，根本不需要有任何的顧慮。女方的父母雖然也有建議過，儘可能婚後不要與公婆同在一個屋簷底下比較不會出問題，她也和男方討論過這方面的問題，男方當時父母所給的答覆是希望他們在生下第一胎之前，可以暫時與他們兩老同住，等待小孩出生以後便不會勉強他們繼續同住，在男方的一再呵哄之下，女方也暫時把這件事情擱在一邊。人與人之間必然有過去宿世的因緣，善緣也好，惡緣也罷，這個都有前因導致於這一世的業力與果報，除非雙方都已經修持達到了一定的證量，所謂證量在這裡所指的是起碼已經轉化了惑業。有人形容過，但其實在佛經中也曾經說過，人類的生死輪迴就如同一大灘的流沙般，我們因為無明的緣故無法突破生死業力的罥網，一旦踏入了泥沼之中要再從中探出頭來極為困難。人的一生一旦從母胎出世之後，就如同生長在漫漫的長夜之中，生活當中生命裡頭正因為都是在一片漆黑桶中，經常處於撲朔迷離的幻化中想為真情實境，等到大覺醒悟才知道過往的種種都是如夢似幻一般。有時候人生就如同不善游者墮入茫茫的大海中一般，時而仰頭換氣，時而換氣不及，就如此忽上忽下載浮載沉，不知何時到達盡頭？人一旦因為過去世業力的牽引墮入娑婆世界之後，就會受到無法招架的惑業和痛苦的相逼，不斷地如同轉輪盤上的骰子一般，沒有固定的落點。

寂照而心轉萬物

曾經就如同前面所講的，在滾滾五濁世界裡，近百億的芸芸眾生真正可以從濁流裡面溯溪逆水而上的，能有幾兮？太難了！除非他在人間修煉已經斷除了惑業，但談何容易？過去曾經造訪過中部一位著名的佛學大居士，他自己曾經說過從中國來台度人幾十年的過程中，真正到達生命最後的關卡時，可以清清楚楚預知時至的，屈指可數。老居士還自己謙卑地說他自己仍然是一介凡夫，至今連惑業都還存在著……這是非常實在的狀態，許許多多的人雖然也在學佛修行，但是一旦遭逢了世俗無法抗拒的誘惑或挫折，往往又會自我啟動了人類原始單獨的按鈕，這位老居士所說的確實是真實語。一般人你又要去面對眼、耳、鼻、舌、身、意六根所相對的的色、聲、香、味、觸、法，還要對境無染，心中不會泛起半絲的漣漪，這不僅僅是難上加難而已，不要說我們習氣深重的一般人，光是菩薩乘願再來要真正做到不捨棄任何一個眾生，這裡面就要包含多少六度萬行，並且要對每一個眾生都是同等心，不是只有對自己的親生小孩慈愛而已，反而要對完全毫無關係的眾生一切的關愛都要超越自己的小孩，這其中的心境就不是一般的聲聞緣覺所可以理解的。畢竟要做到如同常不輕菩薩的境界，看到每一個眾生都打從心裡恭敬似佛，這豈是一般博地凡夫做得到的境界？我們在日常生活中，往往因為對境的出現就會讓自己的思想觀念產生迷惑和動搖，經常遊走於現實與出世之間，只要影響到自己本身的利益，思想就會起變化，往昔經文中所說的「一切當下」，卻又無法抵擋得了，於是看到了美色就會生起貪念，碰到了有發財賺錢的機會，自己就會合理化自己的良心，先做了再說。所以，我們要真正地做到斷掉三界之中的一切見惑都毫無感覺，沒有任何的情緒變化，除非你已經達到了初果羅漢的境界；那如果遇到任何的事情，始終心裡都不起任何的分別變化，心中清明無染不受任何的干擾，這又得確實有證悟到四果阿羅漢一般的禪定功夫才真正地可以把這一層的思惑給轉化掉。至於菩薩所要斷的那就是更困難的塵沙惑，要在人海之中自在地普度眾生，那就得十八般武藝樣樣精通，無論任何的境界，心也不會被境界所轉，自心本契無來也無去，寂照同時心轉萬物，無論在任何的見聞覺知始終本心未迷，並且在聖不增，在凡不減，做什麼像什麼，這才是真正的入世菩薩的境界……。

前面談到的這位女眾，她的人生遭遇其實也就是我們現代人人生百態的縮影，只不過智慧深淺面對境界時所處理的方式不同罷了。後來兩人就順理成章地結了婚，但也遭逢到了她過去順坦人生旅途中所未曾遇過的違緣，事情的起源導火線緣自於男方的第三個姐姐，是一位到了年近四十仍然小姑獨處待字閨中的女性，自小過著學生無憂無慮的校園生涯，在讀書的歷程上也可說是順風順水一路念到了博士，卻不知是否業力現前來了一場自體免疫力失調，最後變成了僵直性脊椎炎，生活上產生了諸多不便，從此性情也因此大變……。

原本女主角和她這位小姑是無話不說的，也是除了她生活中丈夫之外另外可以談心的對象，可是不知道為什麼從某一件事件發生以後，女主角每天彷如活在惡婆婆和怪姑姑的陰影當中過日子，再加上也許是情緒壓力過大，她的第一胎竟然無預警地流產，這對她丈夫的家庭來說不啻是一場晴天霹靂的大爆炸。從小丈夫就被家庭寵著護著，也受了良好的教育，雙親對他的寵愛超過了家中的三名女兒，隨著年紀漸長公婆最大的心願便是看著唯一的獨生子娶妻生子，他們也可以含飴弄孫享受天倫之樂，沒想到願與意違，空歡喜一場，就從這件事情發生之後，婆媳之間的關係從無法言喻的微妙到了近乎視如陌路的境地。這個小小的天地間女主角的世界徹底地被顛覆了，每天最擔心的便是丈夫出門上班以後，偌大的空間就只剩下她和公婆兩人，起初她會勉強著自己壓抑情緒儘可能地化解婆媳之間的尷尬和淡漠。她的公公畢竟是公家機構當過主管的經歷，人生百態也都閱歷過，人也開明許多，但畢竟中間夾雜著婆婆，有時候公公也有難言為難之處，就這樣女主角承受著身心的壓力和痛失生命中初為人母的痛苦，原本懷抱著夢想和期待的下一代，沒想到一下子全部都破滅了，娘家那邊也經常打電話關心她在婆家的情形如何，在多重的壓力底下，這位女主角開始晚上沒有辦法好好地睡覺，婆婆稍有動靜她則動輒得咎，杯弓蛇影，剛開始聽到及面對婆婆對她的冷言冷語，她還可以若無其事地應付著，但漸漸地隨著時間流逝，可是並未消除彼此之間的嫌隙，那怎麼辦呢？

女方先是慢慢地推說醫師有建議必須要獨處多休息，她就藉由這個理由向公婆說明她內心的困擾，並且讓婆婆知道如果她沒有好好休息，可能連生下一胎的機會都沒有，因為懷孕的人最需要的就是安靜和靜養。面對婆婆每天三餐固定的開門造訪到在門外敲門要求對話，如此的行徑尚未經過三個月，女方已經出現身心方面的問題，經常胸悶、不定時心跳速度突然間異常地快，接著她晚上睡覺已經變成需要靠藥物才能睡覺的習慣，她雖然知道有些安眠藥是假借名目，但是失眠的煎熬跟痛苦，讓她不得不從半顆安眠藥一直追加到三顆安眠藥才睡得著覺。後來最令她無法承受的是，過去向來一直在心理上扮演著精神支柱的丈夫，也開始對她有些冷言冷語的現象，嚴重的時候丈夫甚至於獨自一人睡在客廳的沙發上，這令她的婆婆對她更加地惡語相向。也許是各方面的壓力交集之下，女方開始呈現幻聽的現象，先是聽到類似蟬鳴的聲音，接著頭痛欲裂，慢慢地經期開始混亂，她開始大白天也覺得昏昏欲睡、渾身痠痛、記憶力衰退，身體也開始出現體重急速地下降的狀態。在一次她娘家的母親打手機給她的時候，也正是她傍晚因為人極度疲憊，在昏睡的過程中接到了她母親的電話，或許是長期吃藥的副作用，她把她電話中的母親當成是她的婆婆，電話一接起來就講了一些莫名奇妙的話語，女方的媽媽這位極精明的女性她能了解女兒的個性，她知道女兒應該出事了。這件事情的第二天，她的母親出奇不意地來到了女方的婆家，聽了電鈴聲急忙應門的婆婆霎時間一開門看到了是親家母，一時之間也反應不過來，也只能客套地請她進來。

在整個下午的談話過程中，心直口快又藏不了秘密的婆婆幾度接近歇斯底里地批判著女方，原本在房間裡默默聽著媽媽跟婆婆的對話，後來由於婆婆講話的內容她聽了十分地不能接受，再加上也許自己娘家的媽媽出面來訪，這時候的女方情緒整個崩潰了，接近嘶吼哭喊著把最近幾個月以來所受的委屈全部給發洩出來，這下子徹底地崩盤了。娘家母親了解到自己的女兒在自家中從小寵愛有加，視她如心頭之肉、掌上之明珠，一聽到女兒這麼一段時間以來承受了這麼大的委屈與壓力，她也顧不了兩家之間的顏面，對著女兒的婆婆神情冷峻、話鋒犀利地吵了一頓。她看看女兒羸弱的身軀、暴瘦的身體，她徹底地心情崩潰了，母親用極為嚴厲的口氣對婆家的人說道：「她是我唯一的女兒，自小都是百般呵護藏著掖著，深怕她稍有差池，小時候便花了極大的心思安排了所有的才藝課程，高中、大學一路上都是讀的名校，從小也都是品學兼優，成績從未掉到三名以下，所有的親友鄰居人見人愛沒有一個不誇讚……」

就在那一天談完女兒的整個婚姻事件之後，女方的母親當下就要她的女兒收拾行李跟著她回娘家小住一段時間，女兒自然是對丈夫還有一些牽掛依戀，但是對於丈夫一談到他的母親那副遲疑不決深怕激怒母親的那種表情和氛圍，又讓她極度憤怒和不滿，她深深地覺得被騙的感覺，為何在婚前所答應的每一件事到了結婚以後完完全全不是那麼一回事？好像她同時嫁給了兩個人一般，她完全地絕望，她嫁到了夫家以後才徹底看清楚丈夫軟弱無主的一面，從那一刻開始，她對兩人之間的感情和未來打了一個問號。但是，有時候心中難免還是有著期許，或許哪一天她的丈夫會轉性或者她的婆婆思想觀念也會轉變……然而，她心裡邊另外還有一個聲音不時地出現：「妳的年紀已經老大不小，身心狀況也出現了負面的狀態，在這樣子的一個家庭裡面繼續生活，長此以往，不知道自己是否還扛得住？……」那天女方之所以會比較沒有那麼糾葛而跟著母親回去娘家，興許和這些心裡長期的苦悶和壓力有關係，當她看到了自小對她呵護有加的母親，她整個心崩潰了，沒了主了，當時只能依附著母親的決定……。

這位女主角回去娘家以後，她的丈夫因為受到了母親的壓力和影響，在家中幾乎不敢和他母親提到和妻子相關的隻字片語，他只能利用白天上班的空檔打電話和女方互動，但是女方的母親也有她堅持的一面，如果要她女兒回去，除非男方自己搬出來住，女方的家長願意提供一半的頭期款……等等，這件事情就這麼耗著……。

這件婚姻感情的事件是發生在我曾經教導過的一位女居士身上，現在這位女士雖然人不在台灣，但是由於她後來在身心極度疲憊的狀態下由她的友人陪伴她到我的講堂尋求心理的協助，因此，我很清楚整段事情的始末。至於夫妻兩人後來所演變出來的種種枝節就不用多加贅述，重點是要談論到在這人世間為什麼會有這麼多的糾葛？而許多煩惱跟痛苦，當事人本身也並非全然地了解自己的理性面應該如何去面對和處理，可是偏偏社會上、人世間，人與人之間卻又經常地演化出各式各樣無奇不有的人間鬧劇與悲劇，這到底問題是出現在哪裡？

因緣皆是前世造

前面我們說到王安石最鍾愛的一位外嫁的女兒，她嫁到夫家以後也遭遇到了一些不適應之處，所以她在百般的無奈下寫了一封家書給父親王安石，王安石不管他在中國歷史上，歷史對他的評價如何，我們光看他在處理自身家庭兒女一路以來所發生的人世間種種的變化，我相信任何人遭遇到了這些變故也未必可以真正地做到心靜如水、毫無波瀾。他生了幾個兒女，要嘛就是一出生不到一歲就往生了，這件事情是發生在王安石擔任縣令的時候，在事業上可以算是政治界中最有希望的明日之星，所娶的妻子吳氏又非常地伶俐貼心，夫妻生活、家居互動再加上剛起步的事業可以說是一帆風順，這個時候可以說是王安石「人逢喜事精神爽，月到中秋分外明」最佳的寫照，就在這個時期夫妻兩人生下了一個女兒，王安石總共生了四個兒女，但是到最後只剩下兩個女兒，剛才我們講到了這個女兒就是令王安石夫婦當時肝腸寸斷的女兒，兩夫妻極為鍾愛這個女兒，因為沒有一個小孩一出生就會朝著父母笑，一看就是聰明絕頂的模樣，非常討兩夫婦的歡心。說到這裡，我經常跟一些來訪者說到對於自己的小孩成就好壞不要太在意，子女優秀也不要太得意，小孩表現平凡更不要太在意，因為一切都有因果，因緣皆是前定，更不要罵自己的小孩是討債鬼。過去認識的一位老鄰居生了一對兒女，女兒一出生就體弱多病，一直是個藥罐子，夫妻兩人每天辛辛苦苦地到果菜市場賣菜為的就是這對兒女，他們的兒子很聰明很會唸書，夫妻兩個人就把教育的重心放在兒子身上，對兒子充滿了期許和希望，女兒呢？兩夫妻就沒有怎麼在關心照顧，因為一直在花他們的錢，成績也只是馬馬虎虎，夫妻兩心裡想反正女兒也留不住，長大了就把她給嫁掉了責任就了了。兒子剛開始也都沒有令他們失望，學校的成績一直都很好，兒子到了大學交了女朋友，兩個人都很希望可以到美國留學拿學位，這女生家裡也很貧困，男方父母最後就把辛辛苦苦一輩子的積蓄所得就幫兩個年輕人出國前先在台灣辦個婚事，最後也一起出國唸書。結果到了紐約兩個夫妻心態都不對了，原本每一年都會回國省親探望父母，漸漸地兩年、三年都沒有回來一次，連電話也愈來愈少，老母親心中雖然嘀咕埋怨，但只要聽到孫子在電話的那一頭叫著自己，她心頭就是一陣開心歡喜，也不跟兒子、媳婦計較那麼多了，這事情一放就是十多年，當初望子成龍希望後輩可以光耀門楣，結果老夫老妻到了晚年還要看著攤子，陪伴著他們的卻是當年他們完全看不上的藥罐子女兒。他們的女兒在高中的求學過程中看到自己的父母這麼辛苦地在籌措學費，她很難過心疼就發奮苦讀，後來她考上了一所著名的醫學院。她當初在填寫志願的時候，完全只想到自己的父母，父親有先天性的心臟病，還裝了好幾根的支架，母親患有嚴重的眼疾，一到夜晚無法看得到光線，聽說是小時候家裡太貧窮營養不良所造成的。這個女兒非常地有孝心，每天功課不管怎麼繁忙，只要一沒課就一定到菜市場的攤子顧店，讓父母親可以多休息，同時就讀醫學院期間還不斷地就近請教系裡面的教授如何幫助她的父母健康起來。她的母親不止一次地流著淚告訴她說很對不起她，從小沒有好好地關注她、栽培她，另外一方面，母親心裡也很後悔當初根本不應該送兒子出國去唸書，這一去十多年來未曾再見過一次，所以原本對於這個兒子是抱著極高的希望，但是，大半生就這麼地過去，她終於明白了誰是真正的孝順……。

關於眷屬之中無論是自己的父母、配偶以及小孩，在這一世一切的因緣全部都是來自於我們過去世自己所造的因，這一世才必須去面對，慢慢地誠心懺悔久而久之自己的業障必須自己了，任何人都幫不上忙，靠山山會倒，靠天天會老，靠父母最後父母一定會老，靠人人會倒，只有靠自己的智慧和修為，最後才不會受制於人。

過去西藏還沒有統一的時候，最高的領袖就是赤松德真，今天密法在西藏可以這麼普遍，這完全受到了赤松德真迎請了蓮花生大士到西藏去弘揚密法的影響。赤松德真生了一個女兒他非常喜歡，幾乎這個女兒到哪裡國王都竭盡所能地寵愛她、滿足她，他愛這個公主勝過於愛自己，但是很可惜，這個公主到了十七歲的時候生了一場大病，最後往生了。西藏的國王赤松德真對整個西藏佛法的弘揚具有決定性的影響力，當時是他把最偉大的密教祖師蓮花生大士請來，蓮花生大士是佛陀涅槃以後釋迦牟尼佛親自預言的一位菩薩，祂俱足了阿彌陀佛、觀世音菩薩以及釋迦牟尼佛三身一體的總集。祂和西藏因為有殊勝的法緣，於是祂接受了當時的國王赤松德真的祈請來到了西藏，這中間發展出許許多多不可思議的殊勝故事。其中有一則是關於赤松德真和他最鍾愛的女兒的故事，這個女兒是他生命中非常重要的一件禮物，國王無論做什麼事、往哪裡都習慣把這個女兒帶在身邊，父女的感情情逾世俗一切珍貴的物質，幾乎是形影不離，可是，在蓮花光十六七歲的時候，發生了一件幾乎讓赤松德真生不如死的事件，原來在這一年蓮花光生了一場大病。從蓮花光染病開始，赤松德真幾乎日夜匪懈地掛念著他的寶貝女兒，國王把全西藏最好的藏醫都延聘到王宮整治過，可惜一切的湯劑全皆無效，最後在十七歲那一年公主香消玉殞、瘞玉埋香、難敵天命，終於撒手人寰。赤松德真如同晴天霹靂一般無法面對承受這件重大的打擊，整個人幾近瘋狂徹底地崩潰，晚上根本無法臥榻，一整天當中最常佇足之處便是蓮花光公主生前的閨房。每一件她生前使用過的物品，他都曾經一件一件置於手中、放在胸前，如同他的愛女仍在身側陪伴著他一般，乃至於一連數日抵不過肉體的疲憊煎熬，即便在昏睡的過程中也猶如蓮花光公主仍然在世一樣，國王根本無心打理國事，朝中所有的大臣眼看著昔日威武偉岸的西藏第一勇士身軀漸漸地消瘦，老臣們心中都十分地不捨，但又無法給予赤松德真任何的慰藉，最後眾臣們提議對公主最好的幫助便是為她修持超度大法。此時的蓮花生大士恰好在西藏，赤松德真宛如從夢中乍醒一般喃喃自語著：「對啊！對啊！我現在唯一可以幫助愛女的就是迎請偉大的上師咕嚕仁波切，這真是蓮花光公主的福報啊！」

赤松德真想到了這裡就宛如又恢復了往昔一般的精神，趕緊前往蓮師跟前虔誠地大禮拜頂禮如儀，雙手合掌恭敬地向蓮師稟報：「尊貴的上師啊！弟子愚昧罪業深重，我的愛女蓮花光不幸捨世，我一直認為我的女兒本來應該是俱足這個世界上最有福報的善女人，她既可以投生到帝王之家，並且又可以值遇真佛在世——尊貴的寶上師，並且自小深信佛法也都有修持日課，這點弟子非常地納悶，為什麼愛女看起來似乎很有福報，可是卻又這麼年輕生命就像一顆流星一般消失在法界之中？弟子愚癡，祈求上師開示……」

蓮花生大士聽完了赤松德真國王的請求之後，蓮師接著很慈藹地對他開示說：「國王啊！你的想法我要為你稍做開示，公主她絕對不是因為她過去世的業力乾淨的關係而投生到皇家，也不是因為她比一般人有福報由我來超度她。實際上，這些一切都是因緣……國王啊！你聽我為你述說分明，我的過去世、還有菩提薩埵堪布以及你，曾經因為要蓋現在尼泊爾的波達佛塔，在當時來了一隻毒蜂，這隻毒蜂不知何故竟然停留在你的脖子上，你可能一時不慎無心之間一拍掌竟然把牠給打死了。因為這個緣故，這隻毒蜂心中的瞋心這個因緣，牠化作了你的女兒，十七年的生涯讓你在獲得舐犢之情的過程中，你得到了滿足，但是卻又在最後她示現了死亡讓你痛不欲生，這就是你必須償還她的業報啊！」

命裡無時徒奈何

不同於一般官宦之家的另外一個特質是王安石家的小孩，打小就都要熟讀佛教的經書，並且都伴有日課，也都會在家中的佛堂共修，王安石除了領銜帶頭主法，平日裡家中聚會王安石也都會不間斷地找機會開示，在他的小孩裡面影響受到最深的便是他這位自幼有神童之稱的兒子，以及另外一位女兒。小神童從小就經常提問一些王安石自己有時也沒有想到的佛學問答，例如為什麼佛教裡面有這麼多的宗派，大乘裡面為什麼還要分南宗、北宗，這麼多的分別？剛開始王安石還可以很輕鬆地回應，但隨著他的年紀增長兒子所看的經書也算不少，所問的問題也未必可以滿足。有一天，兒子問王安石如來智慧和妄想真如的差異究竟在哪裡？王安石就在這個問題上思考了良久。又有一次，他的兒子提問到所謂戒、定、慧的問題，沒想到兒子所問的問題和祖師所提的竟然相去不遠，譬如持戒到底要戒何？十定又從何處起修？持慧起因又是要從何處開始？我們看看現在的黃口小兒萬人之中可否能有一人有此神資……由於天資聰穎再加上過去世宿世的佛緣，以及所生長的家庭造化他如此的環境，才有日後他陸續有相關的佛學著作應世……。

按照道理來講，以如此的天縱英姿，如果沒有意外的話，他這一生的前程自然是順風順水扶搖直上，眼看著家中這隻大鵬日日隨風而起，時時漸起直上，一切都如同王安石心中所盤算跟計畫地在進行，無論是他的婚姻、官運、民間的口碑所聽聞到的都是讚譽有加，真的是有如炫風由下順旋而上，那個氣勢簡直不是如日中天可以形容的，那幾年可說是王安石家最興盛的一段。

其實以王安石的睿智以及對佛學精湛的深入，早就應該算準人生在世一切都是無常，他應該理解人的一生從來未聽聞過順風流水，花紅百日的道理，花既然沒有辦法永遠都是絢爛透底，那人又怎麼可能一生都可以獲得形神光彩？如果如此，佛家所說的無常的道理又要如何解釋呢？不說別的，清朝的曹雪芹不也是早年得意，晚景淒涼？他的祖先因為受到清人的格外提拔，一夕之間搖身成為官宦，直至清朝他的曾祖父都還受到宮廷的重用，他的曾祖母還曾經是康熙皇帝的奶母，所以康熙也對他們一家自然寵幸有加。曹雪芹的曾祖父因為受到朝廷的重視，還特別曾經被任命為最肥的缺——江寧織造，在過去清代江寧織造是屬於中央政府特別在江寧所設定的一個單位，專門是用於清朝掌管皇家御用和官家所需之物匹採買等等的物資，在過去康熙在位的時候，江寧織造重要的職位多半都是康熙皇帝身旁可以信任的人才可以獲得這個職務，同時另外的一層意義是要他同時幫忙監察裡頭的大小官員，以便隨時可以幫康熙秘密地通報，這可以說是清代最興盛的一段時期，一直到雍正為止……。

曹雪芹的祖父曹寅也承襲著祖運繼續擔任織造一銜，不但如此，還被封為兩淮巡鹽御史。他祖父在當時是各界人眼中的紅人，可謂是名聲勃興、聲譽鵲起，說不盡的大好前程近在眼前。他的祖父自小含著金湯匙又受到很好的庭訓，家學淵源，累積了幾代人的藏書，到了曹寅這代自然有了曹氏一族的藏書樓，家中藏書自然汗牛充棟蔚為景觀，平日裡又性喜金石刻畫，儼然也成為一代大家，許多權貴都爭相地希望可以求得一方曹寅所撰金石為榮耀。曹寅也是一位老饕，江南十里各家名食沒有他未曾品嚐過的，再加上他詩詞歌賦無不精通，所有的名家食舖皆以可以獲得曹寅所書寫的書墨，掛於店中做為宣傳……。

曹雪芹他的祖上特別是他祖父這輩究竟有輝煌到如何地一種地步呢？據說康熙皇帝一生當中有多次特別南巡，曾經指示都要由他的祖父親自接駕，這是其一可以一談的；另外，他的第二個女兒也被選定為皇妃，有了這層關係無疑獲得了一枚免死金牌，所以到了晚年曹寅本身由於耗費資產過度毫無節制，導致債台高築甚至於虧空公款，這麼嚴重的罪換在別人身上早就九族株連，因為不是一筆小數目，所虧空的據說多達白銀好幾萬兩，官員們不斷地擬旨向康熙上奏嚴辦，都被康熙皇帝壓下來……。

但是好景不常，康熙再怎麼長壽也不可能壽與天齊，果然天不假年，這個包庇終於到了雍正的年代再也無法繼續任由此風增長，因此，曹寅就失寵了，緊接著就是一連串慘不忍睹的抄家。曹雪芹就是這麼一個落敗的公子，眼看著家運衰敗，但也莫可奈何，這就是造化弄人，這就是因果無常的道理，任誰也無法逃脫得了，命裡有時終須有，命裡無時徒增奈何。

化作春泥更護花

在人類的現實生活中更是如此，生命當中的任何期許其實也都充滿了無常。經常看到情侶當中，好的時候火熱得不得了，面臨分手的時候甚至於拿鹽酸互相潑灑，到處互PO文章、互揭瘡疤、互相扒糞，這種現實上的故事在我聽聞過的經驗不知有凡幾。有一個例子，從大學時代就開始相處，十多年的感情耳鬢廝磨感情深厚不在話下，兩人也曾立下了「非卿不娶，非君不嫁」深厚的誓盟，所有人都知道這兩人已經水乳交融到化不開，只差一個儀式而已，也一直住在他們愛的小築裡面，平日裡除了日常必須單獨出門以外，一回到兩人的小窩幾乎就再也沒有看過再出家門的紀錄，兩人可說是過著願作鴛鴦的神仙生活，只可比擬「得成比目何辭死，願作鴛鴦不羡仙，比目鴛鴦真可羨，雙去雙來君不見……」

「鴛鴦」這個詞也好，比翼鳥也行，白居易把個唐玄宗和楊貴妃相戀的故事牽扯上安史之亂，最後唐玄宗也迫不得已把自己的愛人給賜死才留下了這首《長恨歌》，就算在人世間無法久存並蒂，但最起碼希望來日也可以久存地下隨著春泥讓它蔓藤永結，這也是一樁美事……天底下的事向來如此，不管是古代也好或者是今日也罷，只要是男女之間一旦對上了，結局就只有兩種，要嘛執子之手共赴白首，要嘛最終反目成仇無法一路到底，甚至於弄得網破魚死的悲劇也大有人在。前面我說的這對戀人也曾經羨煞了不知身邊多少人的眼睛，但是，人世間本來就充滿了許許多多的無常變數，而這無常也各有因果，許多事情我們凡夫看不清楚，但老天知道，有時也無法怪當事人，因為當事人有時候自己事過境遷再回首也會覺得莫名其妙，只能說緣分這玩意兒喜歡跟世間的人開玩笑。姑且我們就稱這名女主角叫做寒煙吧！也的確恰如其名，如果對她不熟的人乍看之下就是一座冰山，雖然長得算是美豔，但平日裡從來不與人有任何對眼交談，最明顯的即便是她最暢懷也僅僅是她一慣的斜角一抹再無其他。但奇怪的是，只要她跟她的男主角藏在小樓裡卻似乎有永遠遮蔭不住的滿室春光和外洩的無限肆笑……。

就像太陽底下所有的戀人曾經發生過的一些事一般，終究不如意的事終於也找上了這對男女，並且結局非常地不好。男主角的個性本來和女生就是一對格格不入的組合，男方外表極為斯文，但卻又能言善道，在沒有認識這個女生之前，仰慕他的女子也算不少，這女生也不是他第一個對象，如果要做比較的話，這男人可說是這女人的生命中唯一的第一次，如她所言過去追她者雖然如過江之鯽，但她那一雙巧兮盼兮的美目，以及如瓠犀般的貝齒卻從未給任何男人青睞或展顏過，真的是生來就是在等待著這名男子般……。

在某一年的夏天，這男子恰好有一個公幹的機會可以到美國短暫地學習，就在這個時段裡他認識了中國另外的一名女子，據這名男子宣稱也不知道為了什麼，自從和這名聞姓女子搭手認識就被她爽朗的個性和時不時銅鈴般恣意的笑聲給吸引住，男生自比有一種遊燕宮觀、恣意所欲、無比暢懷之感受，他幾乎天天就等著和她公事上所需要接觸之外任何的時間，他都願意傾聽她隨意的一句話，尤其偶然間並肩交談時女方如幽蘭般的氣息，這種感受是在台灣女友身上所未曾感受到的，他一時之間迷失了心中的承諾，霎時間也潰堤了，他知道他的忠貞正面臨著考驗，但很快地他被這名姓聞的女子給俘虜了，徹底沒有了招架之力……我要說的這件事情的緣由，如果要話說從頭故事太長，即便我寫完了整本書也沒有太大的意義，最後的結局只能說是悲劇收場，而且台灣的女主角最後變成了抑鬱症……。

所以，人世間無論是站在哪一個角度上來看待人、事、地、物，終究沒有一件是完美的，必定都有缺損，無論是親情也好、愛情也罷，婚姻、家庭終究都有缺憾。王安石的缺憾如果用現代人的眼光遭逢到像他這樣子的家庭變故，任何人不可能有此金鋼鑽般意志力，如果接踵不斷碰到心靈和情緒無法招架的，最起碼整個家庭必然愁雲滿布，要不然家族成員也會分崩離析，而做為整個家族的基石頂梁柱，王安石在一路上以來所表現的不是只有可圈可點，而是足堪做為所有後代人學習佛法的表率……。

首先，他的兒子原本是大多數人看好的明日之星，但是為何卻只活到了三十三歲，而且是抑鬱而終？更特別的是，他唯一的孫子最後還是被他兒子太過於嚴苛而給逼死了，最後連老婆也都跑掉，為什麼造物者給王安石的家族開了一個這麼大的玩笑？可想而知，以王安石權傾朝野並且有那麼多的政敵，他當時的心境換做一般人會是如何自處？一個人的意志力其實是非常有潛力的，只看待有沒有被激發，即便他沒有任何的宗教信仰，一旦他下定了決心所做出來的行動，有時候也會撼動千百萬人。有一部電影《一個人的朝聖》便是一個例子，這部電影改編自真實的事件，整部電影裡面啟發的動機來自於一個得了癌症的婦人和男主角的約定，男主角為了信守承諾一個人單獨步行了兩個多月的時間，完全沒有依靠任何的外力，憑著兩隻腳幾乎踏遍了整個英格蘭，餐風飲露，多少個月夜獨自棲宿在澗水之畔用冰涼的溪水沖洗混濁的身軀，又有多少個苦風淒雨他獨自在老林之中苦撐避雨……家中結縭半輩子的妻子，由於家中獨子上吊身亡對丈夫原本就深惡痛絕，極長的時間雖在同一個屋簷下，但早就形同陌路……想想，一個退休多年的老人經常受他太太的誤解，加上兒子生前對他的不諒解到最後走上絕路，這一路下來到最後他的行徑被報導上媒體成為舉國皆知的人物，甚至於引來不少的粉絲跟從朝聖……這整個心路歷程的轉折，其實也道盡了這人世間不論你所生存的空間，不管是文化、膚色和種族，無論是古人、今人，只要是人道的眾生都會遭受到人世間八苦的煎熬與折磨，重點在於這一切的始點都來自於吾人的心。但眾生知道的究竟有多少？即便是研究宗教的，甚至於修行者本身，就算道理都能夠了解，但是一旦境界來臨又有幾個可以從容面對隨緣處之，真正地做到隨緣不變，不變隨緣？這如果沒有宿世的法緣相牽，有經驗的過來人指引，即便遭逢到再重大的變卦也只是每一個人生命中不同的故事罷了，對自己的心是啟發不了任何的作用，更不用說要由心做主轉化命運。修行也不是一味地苦修便可以，如果這麼講我也認識有道友幾乎大半生都在修持苦行，腿功也十分了得，連易行道中的難行般舟三昧也修過不少次，但是究竟宿世以來的習氣又脫落了多少？在流轉貪、瞋、癡的靈魂過程中所必須斷除的見惑和思惑，乃至於到最後的根本無明可否在這一生、這一期斷除轉化？說實在的，我也挺懷疑有幾人可以真正做到。所以，光是憑腿力一百天不吃不喝就可以斷除塵沙諸惑？那前面所說的那一位退休的老漢，過去從來未曾走過多少路，但他也可以憑著自己的意志力徒步走完他心目中的目標，這和修持般舟三昧所不同的究竟在哪裡？

所以，對於王安石本身於宗下的修持暫且不論境界高低，但是有一點可以肯定的是在唐宋所有的為官為仕文林士族之列，若要說有人對於《楞嚴》一書可以像王安石如此地深入並且研究得極為透徹的，我認為屈指可數，尤其在他辭去了宰相之職以後歸老還鄉的那段時間，除了日日自訂日課，他幾乎天天輪流讀誦的就是三部經，他非常偏愛《維摩詰經》中的入不二法門、《金剛經》裡頭的四句偈，當然最精通的莫過於把整部《楞嚴經》早已爛熟於胸，並且逐字地作疏註解，連當時著名的禪師都自嘆不如並且合十讚嘆，大意是說王安石所註解的勝過於時下諸師所註，並且若非真正詳解《楞嚴》者是無法窺見其奧妙之旨。在他隱退的十年當中過著平淡如同老僧般的生活，其實這何嘗不是《楞嚴》中觀音菩薩所說的現宰官之身演說妙法之示現，尤其不容易的是最後臨命終時，他還把自己的住宅布施做為寺廟之用……。

前面講到《楞嚴經》裡面觀世音菩薩的修持法門，王安石由於所處的環境，和研習《楞嚴經》本身對於觀音法門就自然有他的相應之處。這其實也是我們中國人自古以來受到了「家家阿彌陀，戶戶觀世音」的流通之故，因此在他專研於佛典之前，受到家庭的影響，每逢他心中有事，不自覺地就會口中喃喃自唸「南無觀世音菩薩」、「南無救苦救難觀世音菩薩」，更重要的是在他的父親官做到都官員外郎的那段時刻，有機緣接觸到幾位方外的淨土高僧。他的父親王益本身算是有佛緣，在官餘之暇也樂善好施，附近方圓百里以內只要有精舍蘭若寺院，他都會為佛像貼金，有時也會隨喜印贈善書、佛典與人結緣。王益當時經常會前往結緣的廟叫做藥王廟，這座廟當時所供奉的倒也不是中國傳統式的三寶寺廟，而是富有地方色彩為主的一座傳統古廟，倒也十分地莊嚴，比較特別的是這裡面供奉的幾乎都是中國歷代一些名醫，例如扁鵲、華佗、張仲景等等，富有豐富的神秘色彩。王益本身因為樂善，除了為官厚道，私下也素有善人之稱，常常救百姓燃眉之急，每一有碰到身患疾病卻無法支付藥費者，王益都會無償地私下給付，當時在藥王廟平日裡都有駐診的大夫，所以它也是一座當時地方上有紀念性質的醫療站。當時百姓對於佛教正確的知見還停留在一知半解之中，大部分的百姓平日裡信奉的都是民間神祇做為精神上的依靠，像這座藥王廟主殿所供奉的是一尊藥王，身上還披著龍袍，左右兩邊分別有八大神將威風凜凜地侍立左右……。

王益除了經、史、子、集，外加精通醫道，平日裡教導子弟也都以儒、釋、道三家為主，因此對於王安石自幼的心靈啟迪有著莫大的影響力，這當然來自於王益從小身邊也有一群舊識好友經常往來於王家，所以和王安石幾個兄弟聊天話常之餘，多少也提供了不少為人處事的道理夾雜在其中，關於這點，在王安石日後所著作的書文之中字裡行間不難看出來。因為和王益往來的這些文人官員幾乎也都是當時的一時之選，王安石在這樣子的環境當中成長薰陶所及，自小也自然手捧書卷搖頭晃腦已經形成習慣，再加上天資過人，所看的書目可說是過耳成誦，稍長寫起文章來更是下筆立就，所有長輩大人莫不嘖嘖稱奇……但好景不常的是，在王安石十八歲那一年，他失去了依怙，他必須守孝三年，這三年期間他繼續地留在江寧，這段日子裡王安石尚未與佛法有任何的機緣，只不過家中父親在世時也有設立了一間小佛堂，家中供奉的便是西方三聖，小王安石在當年只是每天早晚看著父親曲僂著身軀拿著三炷香對著佛龕唸唸有詞。王安石在他父親過世的那幾年幾乎在日常上的進食是呈現於斷食的狀態，因為父親的驟然離世對他的人生打擊可以說是非常地大。他原本受父親的庇蔭，於父親的光環照射下有如天之驕子，但對他個人生命的成長而言卻是一個好的轉折，他發奮圖強改變了他過去公子哥兒那般的驕慢，幾乎是斷絕了外界一切的活動閉門苦讀。到了他二十二歲那一年，王安石參加會考，原本他是極有可能被評選為鰲頭理當中狀元，可是，卻因為所用的文字引發當朝的不悅，因此在這一科被降貶為第四名，一般人面臨到如此的變化，心中難免會有怨懟，可是王安石在這個時候表現出來的卻是泱泱大度，這點讓朝中許多老臣印象極為深刻，據說曾鞏對於王安石就是極為讚嘆的。由於王安石在還沒有冒出頭以前，曾鞏在當時卻早已名聲在外，曾鞏從年少起便習慣以文會友，不論遠近，舉凡在詩、詞、畫作上稍有特殊之處的文人雅士他都喜歡結交，日後曾鞏結合了群彥經常雅集一處討論文人之間彼此的詩作，漸漸地這群人就形成了一個團體，這應該是日後的唐宋八大家早期的雛形。這群當時的著名騷人墨客常常都因為彼此的酬對新作，在運思高妙之餘著實也囤積了不少登高臨賦之作品。這群人有的是王孫公子，有些是喜好在探幽賞花之餘順便攀附權貴做為日後躋身青雲殿堂之台階，多少個未來的明日之星也都是在這樣子的一個社團之下成為了歷史上明珠出海的閃耀之星，其中唐宋八大家便是一例。

唐宋八大家之所以千古傳唱，乃是因為大家都各自有不同於他人的才學，不讓任何其中一個人專美於前，皆是秀出之士影響著中國文壇以數千年計算，其中八大家之中唯獨只有一位始終保持著低調隱密，但卻對團體起著極大作用的風骨之士，他就是曾鞏。他沒有韓愈的驚世之作，也沒有柳宗元的三步拈來之才，更不像歐陽修經常有駭人之作傳世，但正因為他懂得隱世之道，所以才不會有三蘇家的跌宕起伏。其實曾鞏之才是必須具有別具隻眼的伯樂才有識人之睿智可以理會，他的一生中若不是有過人之才識，後來也不可能拔擢出如王安石般的宰輔之才，所以，反而從滿天的星斗中才能特顯出曾鞏的不平凡之處。實際上，曾鞏是來自於江西一戶官宦子弟，才十二歲不到就可以作論在當時廣為風傳，十八歲就著寫地方風情記述等文章，再過兩年他把自己對於當時的時弊曾洋洋灑灑獻策於歐陽修，歐陽修看了文章以後認為曾鞏是不世出之才，極為讚嘆並且納為門生，所以曾鞏怎可能是泛泛之輩呢？若是，連當時的范仲淹從兩人的書信往返間，便可以看得出來范仲淹對曾鞏的尊重……。

為什麼曾鞏獨對王安石有青睞之眼？應該和他早年的遭遇有關聯。曾鞏也曾經參加過考試，但考運不佳沒有中進士，當時他所發揮的文章並不受當權派的重視最後終致落榜，可是他也無力在京城多做滯留，因為當時京城所有的耗費不是家中環境並不優渥的曾鞏可以負擔的，所以當放榜知道未中榜時，他便立即地向歐陽修辭行。歐陽修在那段期間百般地安撫勉勵曾鞏，此點曾鞏畢生之中未曾稍忘歐陽修在他不得志的時候所給予的滴水之恩……這或許也是圓成日後他用同樣的心境把王安石推薦給他的恩師歐陽修其中的一個原因吧……。

曾鞏是屬於大器晚成的一隻雄雞，雖然他到了三十九歲才中了進士，但其實他的一生中著作頗為豐碩，宋神宗對於他的學問也頗為欣賞，授命他為中書舍人，這個工作極為適合曾鞏畢生的志向，在中國的史書上有許多曾經是他協助校對加以勘校的，例如《戰國策》、《列女傳》……等等。所以，我們從這裡可以了解到王安石是當時由曾鞏推薦給歐陽修的，後來王安石也入了歐陽修的師門，從此之後，王安石跟曾鞏的感情就更形水乳交融。而王安石本人對曾鞏的才華也是極為稱讚，他曾經說曾鞏的文采是世所未有的，他的文章有才氣但是又不嫵媚，再看曾鞏對王安石又是如何？兩人身處異地，即便如此曾鞏經常都會憶念到王安石，所以才會有曾鞏寫給王安石的「故人在千里，樽酒難獨把」。除此以外，由於有同門之誼再加上兩人的相知相惜，自然而然兩家之間的關係愈發拉得非常地緊密，例如說王安石的一個弟弟後來他娶的就是曾鞏的親妹妹，無獨有偶的是，曾鞏弟弟的兒子後來也娶了王安國的女兒為妻……總而言之，曾、王兩家半世之間的交誼卻也牽涉到整個大宋王朝的政治……。

我們再回過頭來講到王安石自幼因為家庭宗教信仰的緣故，以及他的父親家中所供奉的西方三聖，這奠定了王安石在未來的下半生修學佛法的因緣自有抹不開的一段法緣，這對於王安石日後鑽研《楞嚴經》深入研究到二十五位菩薩圓通章時，其中有幾位菩薩的修行法門，影響王安石極深、極廣。王安石從年輕時就會經常唸誦佛號和觀音聖號，尤其是每當他心中遭逢困惑或人世間不得已的苦楚時，他總會在心中默默地禱告大慈大悲的觀世音菩薩可以讓他度過難關。後來王安石接觸到了《楞嚴經》，他知道了觀世音菩薩所修學的，在《楞嚴經》中叫做「觀世音菩薩耳根圓通法門」，這也是王安石從年少時就在心中深埋著觀音法門的緣故，但是究竟如何修持才是如法？關於這點王安石在未來成長過程中，幾乎稍有機會就會請教和他曾經結緣過的出家僧侶，特別是有研究《楞嚴經》的修行人。後來，他漸漸地愈長知識以後就愈清楚，原來在經文裡面總共有二十五種開悟見性成佛的方法，其中有法師告訴王安石，有一種特殊的修法就叫做「耳根圓通」，而且還告訴王安石說這個法門是過去無量諸佛菩薩曾經修行過的，所以文殊菩薩也特別地讚嘆這個法門，既然有法師這麼特別地提到，這就令王安石更加地印象深刻。從了解觀音法門，他也經常聽到一些法師所說的六根門頭，所以他對於眼、耳、鼻、舌、身、意的了解也是從這裡開始的，他還明白《楞嚴經》整部經裡頭釋迦牟尼佛特別強調就是六根，特別是意根，於是他就愈研究愈有興趣，後來他發現在所有的菩薩當中為什麼觀世音菩薩祂特別要去找耳根法門來修持，原來這裡面另外還有一個特別的「聞」存在，其他的諸根雖然也各自有它們的好處，但是並沒有辦法像耳根法門這麼圓通，圓通到十方世界之中只要一有聲音，耳朵都可以清清楚楚知曉，也因為這樣子的一個機緣，王安石更擴大範圍地想要去了解所有跟觀音菩薩相關的一切修持法門。因此，他大規模地學習了不少的咒語，那段時期王安石也有機緣接觸到和唐代盛行的宗教——唐密，這點讓他的興致達到了最高昂的地步，他在幾所當代唐密的寺院裡邊學習到了當時大多數人稱呼「白衣觀音」的儀軌，他才知道觀音菩薩祂是屬於所有蓮花部的佛母，也就是一切諸佛都曾經透過這個根本法而得到解脫成就。他從一位法師的手裡取得了一部由不空法師所翻譯的《一字頂輪王經》，這個在唐代就翻譯為白衣觀自在菩薩，在善無畏大師所翻譯的也有一部經叫做《蘇悉地羯羅經》，翻譯成中文當時人都稱做觀音佛母，一行大師在他筆記中還特別翻譯為白處尊或者是觀音母，在唐密當中祂的地位早已很確定，祂就是蓮花部的部主，這個發展一直延續到宋代。後來有一位施護，他是從北印度來到中國的一位印度僧人，他當時來到中國的時候曾經攜帶了不少印度修持的儀軌法本，後來也都翻譯成漢文，例如《如幻三摩地無量印法門經》、《佛說徧照般若波羅蜜經》，後來還有一部叫做《聖多羅菩薩梵贊》。總而言之，無論在唐代或者是宋代，觀世音菩薩在民間早就非常地盛行，只不過文字上的翻譯不同，所以在當時大部分人所稱的觀世音菩薩、觀音大士或者是白衣大士這些稱謂就是這麼來的。當時王安石所接觸到的法師就已經教導王安石，無論他唸誦任何的一種咒語，或者聖號，千萬不要只是單純地想像唸咒就可以了，法師告訴他持誦聖號、咒語其實還有一個功夫可以用上去，那就是《楞嚴經》上面觀音菩薩的耳根法門下手之處，叫做「返聞自性」的功夫。王安石對這個方法特別好奇又歡喜，他也從中獲得了法喜，不管是在動中，還是在靜坐當中，他從唸咒、唸佛號的過程當中，他獲得了收攝身心最直接的方法。他的啟蒙阿闍梨看他也差不多有一個基礎了，這才告訴他《楞嚴經》裡面觀世音菩薩祂所用的成佛的方法是怎麼來的，而且祂是如何藉由這個法門獲得最殊勝、最絕對的成就。師父一路上就從聞、思、修，怎麼聽聞，如何進一步去思惟……等等的方法，師父都不厭其詳地把個中的奧秘透露給王安石……同時也告訴他修持耳根圓通不僅僅只是音聲而已，甚至於從音聲的修持可以影響到我們身體上面的小宇宙，地、水、火、風一切的空性的基礎，宇宙的緣起全部都離不開，如果這個道理不懂就沒有辦法體會到人法二空，也就沒有辦法從四大假合進入甚深的禪定，再進一步把貪、瞋、癡、慢、疑、邪見六種根本的煩惱轉化，最後從三摩地裡面獲得解脫。法師再進一步地講解，修持任何一切的法門最重要的就是初發心的那一念，如果一念心無法深入，圓通絕對無法證得……法師再進一步地說明，每一個眾生都一樣，都有耳根，也就是必須從耳根的聽聞去體會到不生不滅，最後十方無任何的阻隔和障礙……當法師和王安石談論到這個部分的時候，阿闍梨跟王安石這麼講：「其實，我所學習的法派傳承是來自於道殿法師的傳承。我於寺廟出家的時候，我的師父傳給我的第一個咒語就是準提菩薩的咒語，準提咒在唐代已經有很完整的準提菩薩修持儀軌，所以在每個寺廟幾乎都是共法，這點實要感謝開元三大士這些祖師們，他們發了菩提心才有辦法把釋迦牟尼佛當年因為哀憫眾生所特別親自傳授的準提法，使得在中國民間盛行不墜，此傳承雖然流行了數百年，但可惜的是每個師父所傳的都不太一樣。這個法派一直到了後來五台山的道殿法師，他融合了《華嚴》的思想以及個人修持的所得，他編撰了《顯密圓通成佛心要》，從此以後，這個法門才算有一個雛形，而且內容的修持在原本的翻譯儀軌中有些是不存在的……」關於此點，筆者在所學習過的準提法當中發現準提法因為當時是由佛親自所傳，後來的翻譯大師因為都是印度人，所以並沒有所謂後來的到了中國唐代道殿法師融合了其他的儀軌在範本裡面。我也接受過藏傳佛教不同的準提儀軌傳法跟灌頂，也發現光是準提菩薩不同的觀想就非常多，從四隻手的準提觀音到十八隻手到一百零八隻手，甚至於更多的手的準提觀音都有，咒語從根本咒到後來我接受過口傳的還有非常長的超過百字的長咒，其中咒語的中間還要加上特別要遣除或者轉變的令詞在裡面……可見，這個法在近三千年當中有許多不同的改變……。

師父繼續講：「現在我口傳給你的這份準提修持儀軌，其實是道殿法師結合諸家所長並且由他所證悟的《華嚴》思想結合而成的一套儀軌。但是，我另外還有一套是原始傳自於天竺國的古梵本《準提簡修儀軌》我也一併口傳給你，你修持以後自然會發現道殿法師後來所加入的在原來的法本上是不存在的，並且你也會發現我傳給你的發音也截然地不同……這是我特別要跟你說明的……」

法師給王安石傳授了大法圓滿以後，順便跟他說：「修持一切咒語最重要的是要三密相應，身、口、意要絕對地恭敬和清淨，咒語本身感不感應最重要的根據是緣自於持誦者的心專不專誠，若是專誠不二，你修一切法都必定感應道交，這是我的經驗。別的不說，傳我法的上人，據我親眼所見就有兩件事情是令我十分地讚嘆咒語的不可思議。有一年，京城的郊區整整有大半年滴水未下，當地所有的農民不要說收成欠收，民生問題起了很大的煩惱，瘟疫傳染病因此蔓延，許多人感染重病，死亡的人愈來愈多。當時有許多的信徒都到寺廟裡面來祈求上人修法禱雨，上人原本不敢輕允，他知道這一切都是眾生的共業所集，憑他一己的修為是無法改變的……這個事情就這樣子拖了一段時間，幾乎日日都有絡繹不絕的民眾到寺裡來祈求……出家人本來就是為度化眾生廣發菩提心，上人禁不住大眾的央求，他對大家說：『這樣吧！我來祈求準提菩薩的兩大龍王看看是否可以修法祈雨……』上人就到了準提殿準備好香、燭、素果等等，接著就在佛前禱告起來，誰知道當上人祈禱的話還沒有圓滿，外頭霎時間已經下起了滂沱大雨，沒有一會兒工夫寺廟大門口已經擠滿了人山人海，只見男男女女扶老攜幼的不斷地對著上天哭嚎著，感動地說佛菩薩顯靈了……這場雨一下就是整整的七天。

事後，我忍不住請問了我的上人，師父老人家很慈悲地告訴我這全部都是準提菩薩哀憫眾生所降的甘露啊……」

聽經聞法要恭敬

關於準提菩薩無論是在顯教或密教都有著非常多的修持方法和解釋，也因此祂的稱謂就非常地多，但是，許多宗派裡面都認為祂也是觀世音菩薩的化現。觀世音菩薩化身在人世間或者是其他六道何止百千萬，但離不開六道，例如有救度餓鬼道的菩薩、有救度地獄道的菩薩，一般都觀想千手千眼觀世音，在西藏專門保護牛、羊、牲畜的就是馬頭觀音，協助阿修羅道眾生解脫的屬於十一面觀音，準提觀音則是專門針對娑婆世界的眾生，另外一尊如意輪觀音則是特別針對天道的天人所依的本尊。在民間因為觀音的形象大同小異而且大部分都有很多隻手，所以很多人如果沒有弄清楚，常常會把十八隻手的準提觀音當成是千手千眼觀世音供奉，其實這兩尊菩薩形象各有不同，並且每隻手所執法器均各有不同的妙用。準提觀音特別有兩大龍王護持，這兩大龍王就是難陀與拔難陀龍王，這兩大龍王啊是專門在護持摩揭陀國，這個話就要從最原始的古印度說起，古印度原本是由十六個強大的大國所組合而成的，後來漸漸地變成了只遺下四個國家，其中之一為摩揭陀，而印度的北方到最後是由三個王朝承繼摩揭陀國，哪三個王朝？分別是難陀王朝，另外一個是孔雀王朝，最後是笈多王朝，我們佛教的教主本師釋迦牟尼佛祂的一生當中講經說法最常出現的就是在摩揭陀。如果有詳細地去看《阿含經》，《阿含經》裡面描述著許許多多釋迦牟尼佛幫眾生排難解紛，當時發生的一些事件，這些事件都是因緣和合所產生的，後來也都列入了經文裡面。佛陀經常帶著常隨眾的弟子遊行各處，從各種生活上面人與人之間所產生的一些矛盾和衝突，佛一方面教導這些弟子們如何從日常生活中去落實跟體會佛法，由於佛陀是證悟者，在當時追隨的人又多，也調伏了印度以及各個不同法派的外道，所以佛的一言一行對於當時的印度來講，一切有十足的影響力。也因為如此，釋迦牟尼佛跟當時印度不同國家的國王也都有不同的因緣，不是國王親自請法，再不然就是會很尊重地特別請特使去迎請佛到他們的王國去開示佛法。佛陀曾經在印度學習過不同的外道法門，也經歷了各式各樣的禪修，最後祂體悟到這些外道所修的一切的苦行都不是真正可以讓人明心見性的法門。在尋求真理的過程中，佛陀當然幾乎走遍了印度當時修行人最多的幾個國家，譬如像摩揭陀國頻婆娑羅王就對祂非常尊重和恭敬，因為佛陀在外表上所顯現出來不同於他獨特的莊嚴相貌，幾乎任何人見到之後無不深深受到吸引。這位頻婆娑羅王當初初次看到佛陀的時候，了解到佛陀為了求法放棄了王位，遠離了愛妻和家庭，一路上到處尋求解脫之道，在侃侃互動的過程中，國王愈加地恭敬，甚至於他和釋迦牟尼佛商量可不可以把自己在統治的國家供養一半給祂，釋迦牟尼佛當然是不為所動，但是，也因為國王的真誠，佛對他的印象極為深刻，所以後來為什麼會有竹林精舍的成立，這段因緣正是因為當年頻婆娑羅王他的供養心的善因法緣。佛曾經發心說：「我對世間的財物、國家、名利早就都放下，但是國王你有如此的發心，我答應你日後我成道必然會來度你……」所以後來，釋迦牟尼佛真的也履行了祂當初所講的話。於是，佛就浩浩蕩蕩帶領著祂的常隨弟子們來到了摩揭陀國準備要為頻婆娑羅國王講經開示佛法……佛一生當中講經說法無數，所以也和許多不同的眾生廣結善緣，例如佛和給孤獨長者的因緣也是如此，有一段時間釋迦牟尼佛基於法緣的因素，在王舍城傳法，給孤獨長者剛好有事也來到了王舍城，他當時住在一個舊識有宿緣當地頗受尊崇的一位長者家中，到了那個晚上，他看到他那個朋友對他家裡的人說：「你們現在趕快去準備一些做伙食晚餐所需要的種種東西，還有要記得把一些房間整理得乾乾淨淨。」剛開始給孤獨長者也有一點摸不著頭腦，他心裡想：「這長者幹嘛這麼緊張，這麼慎重，到底他家裡發生什麼事啊？到底有什麼重要的賓客要來？」所以他也忍不住很好奇地問他，這個長者跟給孤獨長者都是好朋友，他很開心地向給孤獨長者說明，他說：「因為明天我心目中最尊崇的釋迦牟尼佛跟祂的一些出家人要來，我要供養他們，所以今天晚上我就發動所有的人準備好明天佛陀的到來。」這位給孤獨長者向來就有著宿世的佛緣，當他一聽到長者談到了釋迦牟尼佛，他全身的毛細孔都跟著豎立起來，他就更好奇地請問祂的來歷，這位長者也特別尊重地詳細為他介紹，他說：「祂是一位比丘沙門，祂原本是釋迦族的王位繼承人，但是祂為了聞法慕道救度眾生而到處去求法，把自己的鬍鬚頭髮都剃掉，穿著出家人的法衣……如今啊祂已經成佛啦……」

給孤獨長者根本內心裡面早就激動不已，他恨不得馬上就可以見佛，他按捺不住心中渴望，兩手合十露出祈盼的眼神，他請問長者：「我現在可以馬上見得到嗎？」

長者對給孤獨說：「唉呀！你先不要那麼著急，這樣子好不好，你就先住下來這個晚上，我已經早就祈請過佛，佛答應明天會來我的地方，到時候你不就可以看到了嗎？」就在那個晚上發生了一件很奇蹟的事情，當天晚上給孤獨長者為了明日可以見佛，他就住在長者的家中，晚上當他闔上眼睛，即將黎明快來的時候，忽然之間他睡覺的房間大放光明，孤獨長者揉一揉眼睛，剛開始他心裡想怎麼這麼快就天亮，他馬上就起身往城門的方向走去，可是，當他走到了城門的時候這下子才知道，原來才剛剛過了一更，連二更都還沒到……可是當他走出城門的時候，他原本看到的大片光明霎時之間馬上又變回了長夜漫漫的寂靜黑夜，眼前的這個情景從來沒有發生過，所以他的內心其實有些害怕，接著心裡就想：「現在碰到這個情境到底是不是見鬼了？還是有不利於我的惡毒之人要找我的麻煩……」他心裡愈想愈害怕，當下的念頭就是想趕快往回走吧！就在這個時候，他又看到了另外一片的光明，他看清楚原來這個城門眼前有天神駐守，所以從他身上放射出熠熠的光輝，這個光連附近的尸陀林陰暗之處也都大放光明。這時候守門的天神祂講話了，祂說：「你要一直往前走，不管發生任何事情，千萬不要退縮，你就可以得到不可思議的好處。」天神為了鼓勵他，同時也唸誦了讚嘆的偈頌，反正這位天神不斷不斷地反覆唱頌著偈語，大意就是告訴給孤獨長者，要一路向前不要回頭，就這樣天神反覆地說盡了好話，唸誦了無數的偈頌，最後他提醒長者說：「你要注意啊！就算把所有一切珍寶布施給他人但是這一類的功德再怎麼樣，也比不上你繼續朝前往晉謁頂禮佛的功德來的殊勝，恐怕連十六分之一的功德都達不到。」

這個時候的給孤獨長者他心中其實也充滿了疑惑和好奇，所以他忍不住就請問眼前這位天神，祂到底是誰？天神便很慎重的回答他：「我是摩頭息揵大摩那婆先，我過去因為聽聞了舍利弗和目犍連對我的開示，我因為對佛法的信心跟恭敬，所以我就升天了，現在我的工作就是掌管這個城門。」

給孤獨長者聽了這位天神的這席話以後，他的心裡邊就生起了這樣的想法，他心裡想：「佛能夠出現於世間，這本來就不是小事情，如今如果要聽聞正法就更不能沒有恭敬心，所以眼前的這尊天神才會不斷地勸說我要去見佛陀。」有了天神嘉勉和鼓勵的話，給孤獨長者內心就篤定了不少，一路上他就朝著天神所放射出來的光一路前進。

奇妙的因緣是釋迦牟尼佛恰好這個時間祂也在外面步行，這時候的給孤獨長者遠遠地就看到了佛，於是，三步當做兩步走來到了佛前很恭敬地對佛問訊，大意是講：「釋迦牟尼佛您老人家晚上睡得安穩嗎？」

佛這個時候回答長者：「我是已經證得寂靜涅槃的行者，我的心一直是在平安喜樂的境界，這個世界所有一切的愛欲對我早就不存在了，對於世俗一切的希望也沒有如此的需求，心中早已沒有任何的煩惱，永遠在寂靜的狀態，當然睡得安穩。」

給孤獨長者就這麼和佛在一問一答的過程中，他從聽聞到證悟，最後獲得了解脫。他對佛說他已經得度，他已經明白什麼是離苦得樂的方法，他心中生起了無限的喜樂，所以他對佛說他從當下到盡形壽永遠皈依佛、皈依法、皈依僧……請佛為他做證明……。

講這段比較長的例子是要說明佛陀的慈悲跟度眾的方便跟智慧一向都是無遠弗屆的，而且任何經典當中所有的佛弟子和佛陀之間的因緣示現，對於一切的佛弟子都是有它的意義存在，例如像給孤獨長者，他為什麼一生都在做布施，而且所做的一切從來都沒有任何的難處過？這個都有他的因緣，就像當初他為了要買園林供養佛講經說法，園林的主人也不是有心要為難他，但是他開出來的條件相信很多人也不一定可以接受，園林的主人當時講：「如果你要買我的宅所，我的條件是你要把我的土地全部鋪滿了黃金，我就賣給你，但是，我只能賣給你地方，這園林裡面包括你看得到的一切的樹木我不賣給你，這些是我要供養釋迦牟尼佛……」

釋迦牟尼佛當然也善觀察因緣，佛問過給孤獨長者，佛說：「舍衛城裡面有精舍嗎？」

給孤獨長者回答釋迦牟尼佛說：「舍衛城裡面目前沒有精舍。」

佛就對給孤獨長者說：「那麼你可以在那邊蓋一個精舍，未來啊可以方便所有的出家人來這邊安住。」

給孤獨長者聽完了佛的指示以後，他說：「當然沒有問題，只要佛您願意來舍衛國，我必定會蓋精舍、寮房提供給佛和所有的佛弟子們方便使用。」

修持證悟到漏盡

前面之所以會講到準提菩薩，而後談到準提菩薩的兩大龍王，這兩大龍王和摩揭陀國這中間的因緣以及和本師釋迦牟尼佛另外的法緣，所以才會討論到這兩大龍王。在古印度為什麼會以這兩大龍王為代表？傳說其中的難陀龍王祂特別能夠通人性，了解眾生的需求和痛苦，在當時的年代最重要的莫過於國家國泰民安，人民安居樂業，四時可以風調雨順，這些條件在難陀龍王所護持的摩揭陀國是一直深得百姓的歡喜，所以難陀龍王另外一個名號就叫做喜龍王。這龍王在過去的記載原本並不是這麼善於使眾生歡喜，後來是被目犍連所調伏同時答應未來生生世世都會護持佛法，只要是有修行的眾生或行者遭遇到任何身心方面的障礙，龍王都會現身利益眾生。另外，難陀龍王也是所有一切修持準提佛母的護法神，據說龍王本身沒有接觸到佛教的洗禮之前，祂的個性是屬於殘暴冥頑兇惡的，後來是經由佛的弟子降伏之後發願護法。這兩大龍王根據經典的形容，龍王的頭上有七個龍頭，右手拿著一把鋒利的寶劍，左手拿著繩索，十方所有一切的虛空都是他的住處，他也統理著八大龍王以及所有的一切龍族眷屬，在經典上面也有記載過這兩大龍王也是當時幫釋迦牟尼佛當太子時沐浴身體的兩大龍王，當時這兩大龍王從虛空中降下了兩股清流甘露，一隻龍口垂降於悉達多太子身上的是口吐清涼沁心的冷泉，另外一股暖泉是從另外一頭龍王的口中同時降下，極為壯觀，所有一切的天龍八部也都現身參與這場盛會。

我們不要覺得龍王沒什麼了不起，實際上，要成為龍王祂所累積的十善業最起碼一定是最上品的十善，要不然無法成為號召所有一切處的龍族。龍宮雖然是在很深層的海底，而且所轄範圍極為壯闊，在深海之下的龍宮，開闊到達八萬由旬之廣，而且裡面極為莊嚴，裡面一切的陳設建築都是七重宮牆、七層的欄楯、七層的羅網……它所有一切處都是用七寶所莊嚴……大家都知道龍族的天敵就是大鵬金翅鳥，曾經龍族幾乎被所有的大鵬金翅鳥啄食殆盡，最後殘留下來的就是以娑竭羅龍王和難陀龍王，總共有十六尊龍王逃過此劫，為什麼娑竭羅龍王一直是娑婆世界中民間供奉最重要的代表？一方面這龍王本身就是負責降雨的龍神，實際上這個龍是觀世音菩薩的眷屬，只要民間無法降下甘霖，這個時候就要祈求龍王普降甘露於人間……。

關於龍王相關聯的經文其實為數頗豐，例如《海龍王經》、《佛為海龍王說法印經》、《佛為娑伽羅龍王所說大乘經》等諸經……從這裡看得出來釋迦牟尼佛的慈悲，所攝受的龍王相關的經文就非常地多，民間祈雨所要祈求的對象就是這兩大龍王……所以我們就應該可以理解為什麼這麼尊貴的佛陀可以面對著龍族完全沒有任何的分別心？這就是佛的菩提心。因此民間所有一切和雨水相關的祈求的對象就是準提菩薩下面的兩大龍王和娑竭羅龍王，所以從這裡就明白準提菩薩祂所要度化的是六道中的人道，凡是娑婆世界裡面，在修行的過程中若是有遭逢任何的障礙，準提菩薩的兩大龍王必定會用種種的神通示現保護娑婆世界的眾生。另外，準提菩薩的本尊畫像還有淨居天的天人，淨居天在那邊居住的天人已經達到了心可以隨時隨處地安住於出世間一切的智慧，他不會被貪欲駕馭跟引導，他知道應該要如何地精進修持發展出真正的智慧般若，隨時隨地都在消除心中一切的煩惱和痛苦。

而淨居天的天人到底必須到達什麼樣的境界才有辦法真正地超出三界？關於這點居住在淨居天的天人，他們在升天之前，在娑婆世界所要做的又是哪些？淨居天所居住的天人最起碼要做到沒有任何淫欲的執著，也就是說三果羅漢以上的境界。因為三果證量的行者已經到達了某一種成就，凡世間任何再也沒有可以引起他興趣的念頭，所以，只是取得投生到欲界以外的世界，我們三界當中所有的眾生都還會執著於我跟我所，這點三果的羅漢同樣地還存在著一個極其微細的煩惱，這點很難做到，因此，即便是聖人，要修持證悟到所謂的「漏盡」並不是那麼容易的，什麼叫做「漏盡」？這個「漏盡」的意思是指聖人如果沒有證得漏盡，那就是代表他的內心還是有很多地方會被種種的痛苦所逼，如果沒有辦法脫離因為執著而產生的任何煩惱，那就證明他的修行並不圓滿……在天界無論你證得的任何一種果位終究是未達究竟，還是會有後有的生命必須去面對。所以，從這上面就要多了解聲聞、緣覺，在他們的修行過程中和其他的六道差別在哪裡？譬如說以一個初果的羅漢，他的證量是什麼？他可以做到的是在他當下悟得的那一世的證量就是他既然已經證得了初果羅漢的境界，那往生的時候是不會下地獄的，也不會到三惡道，因為他們已經把會投入到三惡道基本的問題解決了。所以，在未成道之前，在所受的輪迴裡面，將會因為他的證量而不會投往三惡道投胎。

一行禪師通五明

王安石除了本身有因緣去接觸到諸多的禪師，而這些禪師之中也不乏有修持唐密的高僧，這些高僧大部分都是走禪密雙修的路線，這也是唐宋時期所特別盛行的風潮。舉一個例子，在唐朝幾乎無人不知、無人不曉的出家眾一行禪師，他雖然是一位受人敬重的開悟禪師但實際上他的身分也是弘揚密宗的阿闍梨，非但如此，他本身對於天文學、曆算、擇日樣樣精通，並且也是我們中國早期的數學家之一。雖然他是唐代人，但是他卻對印度的數學及天文學有著極大的研究熱誠，最終還是他把所知所學應用在他一生所奉獻的科學方面。王安石算是一位深入佛法的研究家，同時也是獨修獨行的大居士，我們現在這個年代，雖然學佛很方便，但是如果沒有碰到真正的大修行人願意傳法給你，其實很容易便會迷失走偏，王安石的好處是他對法的尋求一直都非常地積極，無論是在順境或逆境，他都從來沒有放棄過，這種堅持的態度確實不易。

一行禪師他的密法所承接的是唐密的傳承，是來自於善無畏阿闍梨。善無畏是屬於開元三大士當中把胎藏界傳入中國很重要的一位上師，他是印度中部人，了不起的是十三歲他就當上了國王，有勇有謀，他的親兄弟一直覬覦他的王位，所以當他們的父王往生之後，他的兄弟馬上就舉兵造反，善無畏的態度是先把他的兄弟完全地制伏投降，之後，善無畏不但沒有和他的兄弟計較，而且還親自把皇位送給他的兄弟，之後他便毅然決然出家。出家以後，他往南印度去參學，那段時期他獲得了法華三昧，接著繼續往中印度去修學禪法跟經教，他修學的學院是屬於當時全印度所有的佛教修行人最嚮往的那爛陀佛學院，在那裡他碰到了當時那爛陀佛學院裡面最有學問、最受敬重的法護長老。法護長老是一位精通經教和密法了不起的上師，他非常喜歡善無畏，因此就把所有的密法傳承於善無畏，因為這樣子的緣故，善無畏在那爛陀佛學院獲得了經、律、論和密法全部的傳承，被尊稱為「三藏法師」，這是一項無比的殊榮，也象徵著從此以後他足以成為三界的人天導師。他的足跡踏遍了當時古印度所有的國家，由於他的名聲實在太大，除了印度五大國以外，周圍大大小小的國家也對他極為恭敬，連中國當時的唐睿宗也都聽聞過他的聖號。在唐朝開元時期，唐玄宗曾經做過一個夢，唐玄宗當時在夢境當中所見到的是未曾謀面過天竺長相的異國僧人，全身威光赫赫，唐玄宗醒來之後大為驚異，馬上請來宮中的畫師詳細地描繪印度聖僧的形象，唐玄宗把畫像供奉在自己寢宮的牆壁上。後來，善無畏來到了長安城，唐玄宗召見他，一見不得了，唐玄宗欣喜異常，因為眼前的善無畏所有的一切容貌就是昔日他夢中所見的同出一轍、毫無二致，唐玄宗非常地震撼，他確信與其必有法緣。唐玄宗本身對於佛教也是非常恭敬的一位帝王，再加上對善無畏的恭敬心，他隨即在皇宮裡面設立了莊嚴的壇場尊封善無畏為教主，並且下了一道詔令，宮中凡一切走動的宮吏見到善無畏都應當要用最恭敬的禮拜胡跪之姿承侍左右，凡所有一切所需都用最高貴嬺美如天宮般之規格禮遇之，當時的人便有一種形容說到唐玄宗對善無畏的禮遇恭敬如同尊敬廣成子之禮，又彷彿承侍原始天尊一般的尊貴。唐玄宗也因此受到了善無畏的感召，精進融入於佛法之中，中國的佛教從此又開始進入了興盛的史頁。

後來，善無畏在興福寺創置了大批密宗的法器和梵文的法本，之後又在菩提院把從印度帶來的經文、法本一一翻譯，後來經由善無畏的奏請，把另外著名的一位高僧悉達法師同時翻譯，當時第一部翻譯出來的密法是《虛空藏求聞持法》，當唐玄宗看到了翻譯成漢文的儀軌之後，龍心極悅，進一步祈求善無畏可以把從印度帶來的一切經典、法本悉數翻譯成華文。唐玄宗對於善無畏的恭敬可謂到了形影不離的地步，連唐玄宗要到洛陽，善無畏也都伴隨前往，在洛陽的福先寺期間，善無畏陸陸續續翻譯了重要的《大日經》、《蘇悉地羯羅經》和《蘇婆呼童子請問經》等等學習唐密極為重要的幾部經典。這裡同時也發現了印度僧人和漢僧在戒律上有所不同之處，原來善無畏乍到唐都時曾經對唐玄宗說過，他早就有聽聞東土有一高僧道宣法師駐錫，而且印度幾乎所有的高僧大德都知道，也對唐道宣律師十分地敬重，早期的時候，唐玄宗曾經禮貌地問過他歡喜駐錫在哪一個寺廟？善無畏想到的便是道宣律師的寺廟。但是這兩位大師的行儀舉止本不相同，且是南轅北轍，道宣大師對於戒律的要求極為嚴格，對於寺廟一切居處都需一塵不沾，但是從天竺遠道而來的善無畏大師卻是啖肉沒有茹素不受拘束，並且酒肉不拘，在四大威儀上可說是言行直暴、粗獷豪放，這兩位雲泥之判的大師共處一堂時經常會看到的場景是格格不入的。天竺來的大師一旦喝了酒經常是語無倫次，在殿堂裡甚至於大聲地喧鬧，有時口水涕肆、穢物遍灑……這些舉止入了道宣律師的眼睛十分地難以接受，但是也不好說些什麼，直到有一次道宣法師在他的被子裡面抓到了幾隻跳蚤，道宣法師很自然地把牠們要丟到地上去，但是在一旁的善無畏雖然感覺上是喝醉了酒，就在這個時刻裡竟然大聲地阻止道宣法師說：「唉呀！這怎麼可以啊？師父你是要把這些眾生摔死嗎？」此時的道宣大師心中終於明白旁邊這位印度來的僧人應非凡夫，從那刻起他也轉變了態度，對善無畏大師極為尊重……。

中國在唐代出了一位極為殊勝的密教大師——一行禪師。他精通三藏，不但如此，對於中國傳統的道教一切的道法精通無比，他與善無畏同時翻譯《大日經》的因緣，以及其他的宿世因緣，一行禪師從善無畏處承襲了他的一切密法傳承成為了唐密的第六代祖師。一行禪師可以講說是一位極具天分的異人，對於中國傳統的曆算跟易學有獨特的見解，著作等身，尤其他所著作的《大衍曆》至今後代尚無人可以取代，因為它是一部集合了《易經》以外所有的宇宙科學、數學集合而成的一部鉅著，從裡面內容中可以了解到其他剩餘所有恆星所在的位置……這個是在唐代無人可及至今也無法超越突破的一部無法比擬的曆法。因此，在中國的歷史上人們把李時珍、祖沖之、張衡以及一行禪師列為偉大的四大家，也就是現在的科學家。

一行大師從小無師自通便可以閱讀大量的諸方典籍，這和一般的孩童相論實在是令人匪夷所思的，因為一個平常的小孩子是無法每天閱讀天文、醫學和其餘的方劑之學，但是一行禪師從小偏偏就是嗜讀這些古籍以及偏門異學。當時有許多大儒不以為意，例如他經常向一些藏書家借閱家中所藏，有一回他找到了當代的大藏書家尹崇，尹崇是當時很有名望的一位道長，家裡當然藏書無數，但是他看這麼一個毛頭小子竟然來跟他借這麼艱深難懂的書籍《太玄經》，這是大家揚雄的著作，一般的學士及專家也未必可以清楚了解。尹崇心中納悶，但又不能背其意令其失望，令尹崇事後便覺不可思議的是一行借閱此書不過數日，即行歸還，尹崇一臉驚訝地問一行：「我經常閱讀此書鍾愛異常，經常翻讀不知經歷了多少歲月，其中不少隱晦難明之處至今我仍懵懂未開，你是因為閱讀後知曉困難？還是你已經閱讀完畢？……」

尹崇雖然表面上客氣地詢問，但他主觀地認為一行應該是不解居多，沒想到一行反而從他懷中取出了自行撰寫的《大衍玄圖》和《公義決》，不但如此，還把作品當中較為難解之處當場詳盡地說明於尹崇，尹崇聽完之後心中大驚，從此之後遇到人便說：「此一行是神童顏回的再來人……」

這也難怪！的確一行禪師早就在二十歲之前已經把一切的星象之學弄得滾

瓜爛熟，許多人都非常地驚嘆一行怎麼可能在短短的幾天裡面可以把《大衍玄圖》著述出來？唐朝一段時期內外一切的政事全部都被武三思給獨攬，一般的良臣股肱沒有機會出頭，雖然如此，但是，武三思畢生中最景仰恭敬的就是一行禪師。他內心中一直把一行禪師擺放在最高的位置，因為武三思非常讚嘆一行所蘊藏的經典以及他對於天文曆算方面的學識，在這個時間裡面，朝廷之中的文武官員的內心中一直都是極為渴仰一行禪師的行事，特別是掌握好如何去對武三思逢迎拍馬便可以在朝廷之中左右逢源、暢行無阻。因此，在那個時代武三思可以說已經達到了位高權隆，遍享一切榮華富貴的豪奢，因為武則天的掌權可謂是一人得道，雞犬升天，武氏一族權傾朝野，當時武三思之所以會受到武則天的信任是因為天時地利的緣故。初期武則天雖然要鞏固自己的權勢，但也還不致於逢人便殺，但是許多和李氏宗族相關的人員接踵遭難，例如李元嘉，他本來是李淵的第十一個兒子，唐高祖對於李元嘉有一種特殊的緣分，除了他本身就比一般的皇子來得反應敏捷，而且懂得察顏觀色，從小就極有才華，所有的詩詞一經其耳便可成誦，所有的丹青法書只要傳授其技的授師無一不讚嘆有加。據說他還有一個絕技，左右兩手同時持筆，左右開弓竟然一氣呵成，行氣不斷，對於創作而言幾乎可以說是聞題即成，下筆立就，不假思索，自年少時期便十方蒐羅各地善本古籍，年紀輕輕藏書便已汗牛充棟，李元嘉特別專好古碑文，對於古文的造詣典故極有入處，並且侍母極孝，兄友弟恭。李元嘉除了文采斐然之外，對於軍事兵法也是極為精通，真可謂是皇室中不可多得之異才，例如房玄齡就認為他是翹楚難得之才。房玄齡是唐代初期有功的老臣，也是凌煙閣中著名的功勳人士，他的得名來自於他曾經參與過玄武門之變，和當時的杜如晦及尉遲敬德等，共有五人被封為首功人士，因此頗受李世民的信任，所以唐太宗一上位以後馬上立房玄齡為中書令……房玄齡別具隻眼認為李元嘉前途無限，所以便把自己的愛女許配於李元嘉……。

武氏王朝初期所有一切只要能夠穩定武則天保衛江山鞏固，武三思便會沒有理性般地用盡一切權謀幫她先穩住自己得來不易的江山，武則天也在這種睜一隻眼閉一隻眼的情況下任由武三思幫自己除掉所有對武氏江山有可能威脅的李氏宗親。武則天初期本不答應，但是最後也經不起武三思的死纏爛打，紛紛地被犧牲掉，特別是韓王李元嘉⋯⋯。

武三思經常利用自己的權勢排除異己，只要是有人在講話應對上稍對其有失尊重，過沒幾天其人自消，武氏他便是這樣的一位人物，武三思雖然沒有研習佛道，但令人側目的是，當一行禪師其道正行之時，一向善妒的武三思不但沒有拂逆不恭之心，反而想要親近一行禪師，一行知悉之後當然想方設法地逃避武三思，最後就利用此一因緣去嵩山親近普寂禪師⋯⋯。

一行禪師他精湛的曆算，據說是緣自於著名的天台山國清寺的一位高人所授，從此之後，一行禪師修持之功力更勝從前。唐睿宗後來當上了皇帝，極度地仰慕一行禪師，也曾經多次有意延聘一行大師，但是，大師都非常善巧地予以婉拒，後來，由於印度大師正在緊羅密鼓地翻譯唐密最重要的《大日經》，此時唐玄宗透過禮部郎中邀請一行大師配合善無畏協助翻譯，在這之後一行大師還特別為《大日經》加註成為唐密最重要的一部典籍。

唐玄宗對於文化傳統的天文曆法極為注重，所以曾邀請一行大師入京朝見，主要原因是因為唐玄宗知道大唐國內唯獨一行大師是精諳此道之高人，此點可以從唐朝的歷史紀錄上看得到一行為了這個任務花了好幾年的時間夜以繼日地忙碌，除此，大師還要不斷地尋找相關於天文曆算的一切資料……一行禪師真正改變他一生中精進修行的原因之一是在於他二十一歲那一年，他的父母雙雙過世，培育滋養他長大成人的雙親在這麼短的期間驟然離他遠去，如同頓失日月一般的悲痛，使他的人生霎時間陷入了極度地無依，他不知如何是好，但又同時對於人世間的無常有更深的體會，因為如此，期間更萌生了出離之想，讓他覺得他要放下眼前世俗的一切名與利並非他人生中之所需，於是，他有了出世之想。他便從他過往所聽聞過以及接觸過的一些尊宿及修持有成的大德，他仔細地再回想以及深思熟慮，若是他要出家應該要依止的法派名剎為何？恰好嵩山駐錫著一位開悟的普寂禪師，那段時間正在弘揚宗門之禪，於是，一行禪師擇日前往諦聽，聽聞之後深深地折服於普寂禪師的深湛佛理以及嚴持的戒體，或許是累劫的法緣也成熟了，過沒多久一行禪師便在普寂大師的座下圓頂，正式引申他一生和佛法的因緣。在嵩山出家以後，一行專注地參禪並且深入研究一切的內典經教，只要是一行禪師所持誦過之經論無一不過眼不忘，了熟於心，漸漸地在短時間之內幾乎藏經閣三藏十二部再無可讀，此點使得普寂禪師極為滿意。某一次，寺中恰好有法會，按照當時的佛教禮儀，一切的法會過程中，寺廟都會延請當朝著名的大學士、大儒書寫此次法會的緣由做為吉祥之緣起，寺廟此次所請的是名噪一時的盧鴻來撰書。在法會開始之前，普寂心中便想起了這麼淨潔優美的文章，整個寺廟之中似乎只有一行適合朗讀，這篇文章前後文原本極長約有數千字之多，並且文內幾乎都是生澀艱僻之辭居多，一般即便是當時的仕子也未必可以琅琅上口。但是一行禪師快速地瀏覽宣文之後，順便接著朗讀內文，或許年輕的一行忽略了一旁的長者盧鴻的觀感，盧鴻當時心中想這名年輕的僧人真的能夠轉瞬之間熟讀此文嗎？還是他的輕率？盧鴻心中當下便悻然不快，但也不便說些什麼，只想一旁觀察後續動靜再做打算。誰知道一行開始啟唸之後，當場與會大眾一時掌聲四起全部沉浸在一行如同盤珠落地般擲地有聲卻又振聾發聵，優美繞梁，不絕於縷……引得觀禮的諸山長老、群賢雅士們交耳讚嘆……此點讓原本心中頗有異議的盧鴻瞠目結舌，只能說是驚嘆不已……。

淺水自然無法養蛟龍，一行禪師自然也不是只想當一名繼承法派終老於寺廟中的平凡僧，心中也有鴻鵠之志，一直有十方參學之想，因此他就向普寂禪師告假遊學於舉國之中所有的禪林古剎，這也是一行禪師一生中參學最重要的黃金時期，一邊趁著遊學之便有時也走訪各處精通天文曆算之隱士，這些都成為一行日後著書立說極為重要之殷鑑。

一行禪師對於占卜曆算之精準可說是神乎其技，遠近馳名，朝野皆知，最後連唐玄宗也時有所聞一行禪師的盛名，一時引起了唐玄宗的好奇便宣詔入宮朝見。唐玄宗見了一行之後，開門見山地問一行有何特殊才學或神通，一行禪師很謙虛地說他除了記憶力稍微好一點以外並沒有其他的特長。當下唐玄宗就請旁人取來了宮內書籍，哪知道一行禪師把厚厚的一本書當下快速地翻閱之後，接著也如洪水決堤般一字不漏地琅琅誦讀如玉石相擊般簡潔快速而又流暢，使得一旁的唐玄宗拱手作禮說出了一句：「大師誠然非普通人。」接著，唐玄宗知道一行禪師最精通的便是天文曆算，他也想看看一行在這方面的造詣究竟到達何種的程度，哪裡知道唐玄宗所提問的大小諸事，一行全無稍頓且無停滯地一一解答，並且各個中的，無一不準，唐玄宗不覺含頷擊掌、嘖嘖稱奇，一直叫好。從此之後，玄宗凡國家一切曆法相關之事莫不全託於一行之身，也因為如此，一行禪師在短短幾年之內便為大唐國編撰製作出不少的重要曆書，例如共有十卷的《曆議》、二十四卷的《曆草》、三卷的《七政長曆》和一卷《天竺九執曆》……可以說是犖犖大端，無人可及，尤其一部總共五十二卷之多的《開元大衍曆》，沒想到反而變成扶桑跟高麗國製作曆書所殷重之憑藉。

一行禪師密法的傳承主要是來自於善無畏和金剛智，一行禪師的胎藏所有的口訣是來自於善無畏大師，而金剛頂部相關的灌頂和密印都是從金剛智處所得，另外密教所需要知道的理論跟實修也都源自於金剛智大師。

後來，一行禪師同時也參與了善無畏大師在寺廟裡頭一起翻譯密教的經典，一行禪師本身和密法的緣分應該是來自於和善無畏、金剛智等大師殊勝的法緣。在這之後，一行大師一方面積極地翻譯密教相關的經典，這期間他融合了大乘佛法的精髓和密教的內涵，在一行禪師的手上讓密宗在中國的推動上十分地順暢，並且也讓後人了解到如何才是真正的合理化的精神，從那一刻開始一行大師也成為了中國密教極重要的祖師之一……在中國所有的歷代祖師中，能夠像一行禪師精通顯密並且還能夠觸及在科學曆算上有卓越貢獻的，一行禪師可以說前無古人、後無來者，僅他一人而已。

裴休得法自黃檗

裴休所生長的年代是在唐宣宗時期，宣宗是唐穆宗的弟弟，本來受封為光王，他是唐代許多皇帝中，心思最為深沉的一個皇帝。據說在還沒有當皇帝以前，他為了要逃避被迫害的可能性，一度曾在香嚴寺剃度出家，在這之前也很長一段時間靠裝癡弄傻、掩人耳目，可見他的身分在當時是非常敏感，但是也因為他的「扮豬吃老虎」把那些有野心的宦官唬得一愣一愣的，他後來可以當上皇帝也是因為他的偽飾使得朝中一介人都認為他是一位憨厚駑鈍之人，宦官認為如果扶持他登上皇位，最容易受控制的應該就是他，也因為如此才因禍得福的可以掌有皇權。

裴休固然是唐代著名的宰相，可是在歷史上他的兒子知名度也不遑多讓，因為他就是赫赫有名的法海禪師。所以兩人是父子關係，而當初會出家的因緣也是因為生長在裴休佛化的家庭有關，裴休從小就對佛法有著莫大的緣分，並且對於三寶極為敬重，小時每逢年節隨父母禮拜宅處之寺廟時，裴休看到大殿中的三寶佛時，裴休也無人教導就會不斷地磕頭口中喃喃自語，似乎在對佛菩薩訴說著什麼，此點每每讓寺廟中的僧侶嘖嘖稱奇，自小便和寺廟僧眾有著極好的法緣。由於裴休是家中最小的兒子很得父母兄長的疼惜，父母也都給予最好的庭訓及軌憲，雖然幼年稚齒，但已懂得承上以孝、平處以恭，在如此和融氛圍的教養之下，裴休年少時期便出入得受人側重，一方面佛學的薰陶，一方面詩詞的溫養，不久人人都稱他為河東大士。由於裴休的先祖歷來都是以佛化傳家，因此從祖輩一直到他的父親為止都是很虔誠的在家居士，到了裴休這代無論是自己或者是子女也都日有要求早晚必備課誦，除了私塾每日的必學以外，裴休都要求家眷均能深入經典，如有卓越之見定都給予讚嘆。裴休一方面家庭淵源以及自幼信篤甚勤，再加上自己宿世佛緣，精進不懈，所以雖然是以白衣之身，往來於禪林巨匠之中，但是諸山長老幾乎各個稱讚認為他是再來之人悠遊於人間行度化之事，後來，也得黃檗大師對其授可與印證。黃檗在唐代是極為著名的開悟禪師，據說他生有異相，光是身高就有七尺以上，從小最喜歡寧靜以及好親近僧人及廟宇，曾有一人見他相後認定菩薩重返、當生解脫成就之人顯化於世。黃檗禪師生來異相，猛一乍看如十八羅漢中之羅漢，頂如碗蓋，前額如高峰突起並且於印堂之上有玉珠突出，任何人見之都會因他如焰如電般的眼神給懾服，但真實的黃檗禪師卻是一位外威內柔極具高度菩提心之僧寶。他為了參禪開悟幾乎用了他所有的生命遍參當時唐代各宗之名師，他心目中年少時最仰慕的是馬祖大師，但在他出家之後可惜的是馬祖禪師已經過往，後來在百丈禪師座下熏習鍛練，深得懷海百丈禪師之歡喜，法偈俱傳並傳法脈，後來在杭州的海昌院得識了當時的大居士裴休，裴休早已仰慕黃檗禪師之宗風，心中暗許於有生之年若能得遇黃檗乃此生中之大願也，後來果遂，而在當時要能得到黃檗心中之法印可者唯裴休一人而已。另有一種說法，裴休是在他擔任刺史的時候便和黃檗結緣，當時的黃檗禪師正值於溫養悟期，於是一度如惠能大師般大隱混俗地在寺廟中潛修，由於該寺廟無人識其來歷，便隨意安插執事之工作於黃檗，黃檗也隨緣自在擔任寺中一切之雜役，恰好裴休公事之餘都是微服摒棄一切隨扈侍從，自在地去各大寺廟參訪有道的高僧，有一段時期裴休也經常前往黃檗禪師暫居的禪寺，前面剛和知客師話不投機地聊了老半天，好不容易談到了寺中可否有得道開悟之禪師駐錫時，這引起了裴休的興致，因為知客師跟裴休講：「最近這段期間有一位出家眾來寺掛單，平常也不和人攀緣打交道，一味做著所分配的雜役，所以也沒有人知道他真正的身分和來歷，但是我看他的樣子確有著一般出家人所沒有的氣質，如果要說是禪者應該只有他像是吧！」

裴休聽完之後心中竊喜轉而態度十分謙恭地說：「是不是可以麻煩去了解、請問禪師可否撥冗回答弟子參禪的一些問題？」

知客師隨即匆匆忙忙地去把黃檗禪師給請過來，裴休見到了黃檗禪師便被他的威儀給震懾住，他心中很確定地對自己說：「就是他了。」

於是，裴休立即雙手很恭敬地合掌問訊黃檗禪師說：「弟子剛好有一個問題請教了寺中所有的善知識，他們都很客氣並沒有回答我任何的問題，我想請上人慈悲給我一個答案。」

黃檗禪師隨即也很溫煦客氣地回禮，接著他問裴休：「請不用客氣，請把問題告知我。」

因此，裴休就把前面分析的一切，他再度向黃檗禪師報告，黃檗聽了裴休的內容之後，他什麼樣的答案也沒給，也不做任何的回應。但是突然之間，黃檗禪師對著裴休的方向幾乎用盡了全身的力量類似於極具威脅力道的吼叫聲，他對著裴休喊了一句：「裴休！」

裴休畢竟參禪也有一段時日，當然熟諳各家的手法，他很本能地回應說：「是。」

黃檗接著又問：「是在什麼地方？」

裴休當下返聞自性立刻便有所體悟高興得不得了，對著黃檗禪師不斷地打躬作揖，跪拜有加，並且讚嘆不已說道：「師父真的是大開悟者，對於我這位陌生人來講可以如此無私地開示，可有一點我很不明白，禪師為什麼有如此的大智慧卻要潛隱於此處呢？」

黃檗禪師是過來人，當然知道他和裴休的因緣，裴休尋尋覓覓踏破無數的皂鞋才尋獲如此的摩尼寶，他當然不會放棄這樣子的大好機緣，所以他就祈請黃檗禪師可否接受他的供養？同時他也很想皈依黃檗禪師，但是，一直被黃檗禪師婉拒。既然黃檗禪師無法接受，那剩下的另一條路就是請求寺廟大慈悲的可以入住到黃檗山把他的教法大興弘揚，住在寺院裡才是契合禪師的心意，所以，黃檗禪師就入住到黃檗山接引十方佛子之駐錫處聽聞佛法。裴休也不定期經常抽空去參謁請示，常是流連忘返一連數日，時日久了以後，裴休也不止一次地邀請，希望黃檗禪師可以接受他的邀請到他的宅處方便就近請益。

由於黃檗禪師經常在參禪上給予裴休許多直接的棒喝和法教，裴休對於禪的悟境可說是突飛猛進，所有的當代的禪師們也都經常地讚嘆裴休是真正黃檗禪師的得法人。後來，裴休被調任當刺史地處宣城，當時裴休還特別蓋了一座精舍迎請黃檗禪師入住，兩人法乳交融，情深意切。所以，裴休日後也曾經自己講說：「我和禪師的關係非常地特別，在法上來講，可以說是極為親近的道侶，在互相的來往上是義氣相搏，以恩情上來講，他是我一生中最需要感恩的善知識……」從裴休所講的這段話來看，師徒之間的特殊情誼盡覽無遺。

裴休精進佛學之後，除了結緣講述佛法，平日裡也樂善好施、廣行供養，漸漸地年近中年便不再啖肉食葷，一有空閒便禁足持經唸佛，家人眷屬深受薰陶影響，十足的佛教家庭。裴休有一個兒子極為聰明出色叫裴文德，於幼少時期初啼大鳴高中狀元，當時皇帝十分喜愛裴文德，極為賞識，封他為翰林，一般家長都會認為此為揚名聲、顯父母之舉，但裴休不以為然，他不希望後代人步他路數，於是鼓勵他參學佛法，最後沒想到裴文德對於佛學的醉心竟超越其父，最後還選擇了出家。裴休雖然有百般地不捨，但自己的家中可以應化出對佛門有貢獻的人才自然也深覺慰藉欣喜。他曾經為此寫了一段話內容是：「含悲送子入空門，朝夕應當種善根，身眼莫隨財色染，道心須問歲寒存。」從這首訓勉的話可以看出對兒子的一段甚深的心思，雖然可以看得出來舐犢情深，但卻又有為人父不可抹煞的不捨和悲心……。

關於裴休個人的行儀修持，由於他是在當代很受尊崇的一位宰官，又是一位護持三寶的大居士，本身對於佛學方面的著作也影響當代及後人甚鉅，尤其他所親近過的諸山長老都是當時名盛一時的開悟禪師，而他與黃檗禪師師弟之間對法的傳承與尊重更是代代傳為美談的資料。黃檗禪師一生依於《金剛經》、《楞嚴經》……相關般若空性及妙藏真心與佛陀的啟示，而對於禪師日後的開悟，兩經都有直系的關係，尤其是《楞嚴經》更是歷朝歷代開悟與否極重要的大經，再加上裴休是深入三藏十二部重要經典之在家禪行者，豈有可能錯失此三昧大定之經……其子日後的出世及在佛門的成就，也皆緣自於裴休自幼的耳濡目染並且不斷地提示，無論是參禪與否，《楞嚴經》是所有一切成佛解脫之中，佛陀最慈悲哀憫末代眾生最重要的其中一部莫能錯失之大經……。

楞嚴直指心源處

相關於《楞嚴》研讀參學及盛行於世的資料頗豐，除了唐、宋兩朝做為文人大儒所必參的佛陀直指心源的依據以外，到了明代《楞嚴經》更是繼前朝研究與參學必偃之規矩，幾乎佛學行者手上皆各一冊，可見重要之一斑，在明代《楞嚴經》也是一樣風行於所有的文人雅士之文軒，可能和宋明理學日後也曾經盛行一時的陽明學說有關聯之處。在明朝嘉興有一位開過悟的禪師，在禪宗的傳承史上，他的名字叫做楚石梵琦禪師，他的開悟，自然與他宿世有關。他的出身也和許多過去的祖德高僧的歷程頗為相似，遺憾的是在他不到五歲的時候，父母相繼過世，他是由近親幫他拉拔扶養長大的，可貴的是，他在七歲的時候，無意間在朗讀書冊，令人驚訝的是他竟然可以一目十行，過耳成誦，一時讓親戚以及鄰里之間大為驚嘆，認為他必定不是一個普通的孩童，除了悉心照料，同時也思惟到他將來的前途，撫養他的親戚在日常生活中透由觀察發現這孩童似乎頗有佛緣，在一方面梵琦法師自己幼小也經常顯現出和三寶之間有種很親近的情感，因此十歲不到便有出塵之志，後來便安座於天寧的永祚寺廟。當時他所依止的師父是訥翁謨禪師，在這段跟隨的歲月裡，奠定了他一切經論的基礎，到了適當的機緣成熟，他又前往了湖州的崇恩寺，當時他去依止的這位禪師是梵琦禪師尚未出家前家族之中的長者，名為晉翁詢禪師，這位禪師平日裡在參禪之餘好與文人雅士相近，其眾所皆知的趙孟頫就是經常會去參訪禪師寺院的世外密友。趙孟頫是元代極為著名的畫家，他的老婆也是當代極為著名的詩人，夫妻兩人夫唱婦隨，可說是神仙眷侶，說到趙孟頫他的出身也非比尋常，他是宋太祖往下的第十一代孫，一生仕途官運也堪稱亨通，一直累官做到翰林學士承旨。總而言之，趙孟頫在元明兩代可以說是文人畫及書法界影響甚鉅的導師，歷代的皇帝也對其恩寵有加，可說是集名與利於一身福報之人，由於趙孟頫是集詩、書、畫以及金石造詣頗深的大家，尤其是在書法上極有影響力的趙體，便是由他所創。他的這個字體影響後世無出其右者，當代只要是相稔於書法的一切名家，無有未臨摹過趙孟頫的書帖，可見其影響力之深。

因為晉翁詢禪師私交的緣故，自然趙孟頫後來也見到了梵琦禪師，趙孟頫經常對晉翁詢禪師說：「此子非凡，當深造之，日後不可限量……」可見趙孟頫對梵琦禪師的看重。當年還是因為趙孟頫的緣故，為梵琦禪師花錢買了僧牒，因此順利了出了家，當時梵琦禪師還沒到十六歲……但是始終跟隨著晉翁詢禪師如影隨形般，隨著禪師駐錫至不同的道場用功參學，由於梵琦禪師一度管理過寺廟裡邊的藏經閣，幾乎稍有法務閒暇便埋首於浩瀚的經海之中，奠下了深厚的經教根基，這也是他得天獨厚的福報，梵琦法師由於參禪的緣故，也因此對於和見性開悟觸及真如法性有關的典籍他特別地有法緣。

梵琦禪師和《楞嚴經》也有著深厚的因緣。有一天，當他閱讀到「緣見因明，暗成無見」這段話時，他突然之間如同觸發了宿世之善根，這段經文是出自於《楞嚴經・第四卷》，佛陀對阿難尊者所說，他的前面有提到就好比沒有修行的世俗眾生，往往都會把見專注於眼根上，所以如果你叫他閉上眼睛，那麼他所看到的就是一片漆黑，接著其他的六根作用也都是變成黯然，連頭跟腳都沒有辦法去判別。可是，假設你叫這個人用手去接觸或者是撫摸，身體上面的一切外型和器官，雖然他沒有辦法用眼睛看和判別，可是他照樣可以透過這樣子的接觸，用感官知覺的反射來做判斷，因為「見」它是依靠可以看到的一切而演變成為固定的見。實際上，在不是明朗可見的情況之下，那個看到黑暗的性自己也會顯現出來，一切的眾生平日裡由於習性的緣故，對於外境習慣攀緣，只要是沒有光就認為是黑暗無法得見，但是如果是以眾生自性上本有的覺性來看，實際上是不用依靠這個光也是可以看見，可見即便是隱藏未被發掘的一切黑暗的內在跟物質，照樣還是可以透過自性的本明妙覺去觀照到六根六塵，就算是已經完全地消融殆盡，可是那個存在的本覺哪有可能不會得見以及生起妙用？

梵琦禪師啊，因為反覆夜以繼日地思惟這一句經文的緣故，他那段期間如同被觸動了宿世的智慧，一下子一切經文義理自然朗通，無師智自然現前，不需要任何的善知識給予講解，從此豁然開朗。雖然在理上面算是有了基礎，但是在日常的事項上梵琦禪師所欠缺的是在「對境練心」上面的鍛練仍嫌不足，他自覺假如只是如此，今日與經文打成一片，但是對於實際理地上究竟之處仍然無法盡得，那這也不是究竟之道，所以他當時想到的是，應該要盡快地尋找有實際經驗的過來人，明眼的善知識親近鍛習，才有可能獲見實相。想到此處梵琦禪師便告假去參學，後來他值遇到當時的開悟尊宿元叟行端，這位禪師未出家以前，本來就是出自於儒家思想為主的家庭，特別的是他的母族是來自於書香世家，自小受閨範庭訓，耳濡目染，再加上好學不倦，在家鄉一帶早有才女之名，而元叟行端在如此賢慧的慈母養教之下，在六歲之齡，便在母親的親誨下，聽完了《論語》跟《孟子》。積善之家往往會降下麟子，所有的親屬鄰里都覺得行端禪師應該不是平凡之人，所謂三歲看大，禪師自小天生無法沾食葷腥，稍聞腥味就如同五內俱焚一般盡嘔而出，和一般孩童大相歧異，大人們從禪師從小的行徑，皆認為有特殊之來歷。他的母親希望他能夠繼承祖業，好好地研讀章句古典內學，他日金榜題名、顯宗耀祖，但是小小的禪師常常在與大人們對答之中便早已流露出有出塵之想，後來他有一位叔父本身就是一位僧人，在一次的來訪期間行端禪師不斷地詢問佛法相關的問題……叔父認為他應是再來之人，便與其母商討，最後自身為其圓頂，當時他還是一個十二歲未經世事滄桑的孩童。

行端禪師出家以後，果然器識不凡，並且稟有佛門大志，負有中興佛教重任為己任之想，無論是經文義理不由師教，自然見曉，所有僧眾同道無不讚服，即便如此，行端仍然日夜未敢稍廢，經常廢食忘寢。在他十八歲以後領受具足戒，投學於善珍禪師，二師相逢時，善珍禪師問他說：「你是什麼地方人？」

行端禪師講：「弟子台州人氏。」沒想到善珍禪師硬是狠棒一頓，行端禪師辯識機鋒，立即展開蒲團，善珍禪師見狀緊接著又是大喝一聲！接下來，行端禪師更妙了，他就把蒲團坐具馬上打包……這時候善珍禪師對行端說：「放你三十棒，參堂去！」就這樣他頓悟了……。

要知道這善珍禪師，在那一帶可是遠近馳名的大禪師，光是他座下的僧眾所依止的常隨眾便有將近上千人，但真正能夠在平日裡接受善珍禪師的棒喝、機鋒和鍛練者，卻唯獨只有行端一人而已，因此善珍禪師對行端自然是期望至深且視他為當然唯一的付法者。從此之後，行端便常隨善珍禪師之左右，直到禪師圓寂，才繼續行腳於杭州諸大禪寺之中，每掛單禪寺臨行時，都會留下「寒拾裡人」之行諱，原來是對寒山、拾得的崇仰之心！

過去雖然在善珍禪師底下受到印可，但行端仍然行腳十方參禮得悟高僧，他下一個參禮的對象也是仰山享有盛名的祖欽禪師，按照過往的老規矩，禪師與禪師之間對應皆在當下一瞬之間，有時耗時不過三五分鐘之內，絕對沒有葛藤牽扯，枝葉末節，如過去的初祖至五祖，祖祖的的相傳之間，絕無話常之句，一般禪師與禪師兩造之間，誰勝誰負，自心明白！

識得本心當下悟

我們不妨拾掇著達摩當時的手段，話說初祖達摩抵達中土以後，所傳心法甚多，門下弟子所悟卻各有不同，達摩也極想早日把棒子傳遞下去，有一日要侍者召集所有的僧眾，要他們每一個人把追隨達摩以來個人所得的悟境分享出來。第一個自告奮勇的道副禪師他講：「按照弟子本身長久以來，親承師尊蒙受法乳，亦有淺獲。」

達摩即說：「且說無妨。」

道副禪師就說出了個人的所得，他說：「依照我的見解，禪的心法，追根究柢在於不要去執著文字相，但又不應該捨棄文字相，因為文字對於開悟解脫也是鑾重要的工具……」

達摩祖師聽一聽以後，也沒有多說什麼，只有輕描淡寫地跟他說：「聽你所言，你應該這幾年的努力至少有獲得了我一切教法的表皮。」

接著輪到一位比丘尼他隨著接續也起來報告，他自己這段時間個人的修行所得做為後生修持之所依。他說：「我自己個人對於佛法的認知，據我了解所體會到的就好像是阿難尊者他自從看到了阿閦鞞佛之後，一見之後就永不再見一般。」這個意思是講一旦見性開悟了，得到印證以後，要很確定地讓自己知道一見永見，才是真理！如果自性沒有獲得，只是流於口頭禪而已。達摩祖師聽聞之後，也還是給他印證，他告訴他說：「你現在有得到了我的肉。」

就在整個空間裡氛圍霎時寂靜無聲的時候，在場又有一位弟子表達了他也有心得要和達摩和眾道友分享，他說：「四大皆空，五蘊非有，依我所見，所有一切的有為法，根本是沒有一個法可以獲得。」

達摩聽了聽很欣然地告訴他：「依照你所言的，你獲得了我的骨……」

如此依次達摩祖師的常隨弟子一個一個都把多年來學習的心得和大眾結緣分享，最後剩下慧可禪師，他一句話也不說，他的舉動只是起身默默地走到達摩祖師的座前，雙手合掌曲躬下腰，行著最恭敬的禮，但卻一句話也沒講，最後默默地回到自己的原位，雙眼半閉半闔，一句話也沒說。到了此時，達摩打從心眼裡面地歡喜，他很開心地跟慧可禪師說：「你所得到的是我的心髓！」

這便是達摩來到中土他的因緣跟責任，另外也在告訴未來的眾生，禪真正的基礎是在八個字上面，哪八個字？「言語道斷，心行處滅。」沒什麼事，就這麼簡單！這就是禪，幾個人可以做到？所以竅訣已經知道，重點是我們眾生無法做到這般的境界，為什麼呢？攀緣心過重！攀緣幾乎是無所不在，即便是聽佛講述佛法也是攀緣，就算是你參禪要開悟，你把開悟見性看成是最重要的、人生的最大目標，這也是執著，也是攀緣。我們娑婆世界眾生最大的障礙，就是在這個攀緣，就是在一個執著，就是在於一個著相，《金剛經》已經都把這個秘密說得清楚明白，「凡所有相。皆是虛妄。一切有為法。如夢幻泡影……」這些我們每個人都知道，但是一樣每個人照樣在著相，照樣在世間的有所為而為，繼續行使我們的三毒，不但不自知，還不斷地在這上面輪流翻轉，甚至於樂此不疲，這就是我們最大的障礙。

既然我們都知道一切相都是虛假的，但是我們還是像老狗啃骨頭一般，不到最後還是深咬著不放，這就是問題。本師釋迦牟尼佛為了一大事因緣，來到這個人世間，祂要告訴我們眾生的，就是不要執著，就是不要攀緣，因為執著和攀緣是最容易使得堅固的原始本心崩破和墮落的原因。整部《楞嚴經》所要闡述的無非就是要我們眾生識得本心，不識本心，修法無益，識得本心，當下即悟！那既然如此，怎麼樣才可以看到自己的真心？首先要做到的，是要真正去面對我們一直在逃避的那份心，逃避什麼？逃避死亡，害怕所擁有的一切會消失不見，不再擁有，所有這些執著都是因為「我」所造成的，任何一個法教導我們的，無非就是放下我執。

話說行端禪師後來遊方參學過程中，他又參訪到一位福建籍的祖欽禪師，在禪的見地上也有不凡的來歷，原來他是無準禪師的弟子，非常的宿根，五歲就出家，十六歲就已經受足了一切戒律，非常難得！他平生的志向就是想開悟見性，因此自然也南北江湖十方闖蕩，目的也是為了尋找過來人印證，所以他所參禮的均是當代開悟見性的名師，例如妙峰禪師、薰禪師、雙林遠禪師都是一時禪林之彥。有一次，祖欽禪師在一次打坐中有所獲得，平日裡他都會隨著寺廟中的常隨眾一起打坐參禪，長時間雙腿都沒有離開過蒲團，平常也半步未曾離開過寺廟，有的就是夜以繼日不倒單地參悟，據說他二六時中都一直守護當前一念，就算是他進入寮房休息，也都是抱著話頭不斷。由於他的傳承來自於曹洞體系，曹洞子孫遍佈天下，祖欽禪師也不負師意，時刻捧著話頭從未停歇過，當時禪師所參的便是一句「狗子有無佛性」，沒想到這話頭對其受用，參到後來功夫已經到達任何時間，只要他稍有纖細之念尚未生起時，也只需在鼻準處稍舉所參之一個無字，奇特的是一切自然便可放下，一副大地平沉之氣象，這必定是過去世善根顯露，才有如此之境況。我們必須了解的是一個修行人，如果要真正地做到如此的功夫，沒有個十年八年，是沒有辦法到達的，所以許多人非常地羨慕，也有很多好奇的，想要從他口中打探出是如何用功？但是禪的見地絕非一蹴可就，如同昔日之惠能大師，如不具根器，相信黃梅如何地棒喝捶打，也難得有任何的消息，因此宿緣、福報以及根器缺一不可。黃梅只是輕啟指示妙有之心，一下子惠能大師剎那間悟境不斷，傾瀉而出，問題是如此的因緣，千百年來僅得不多，這位祖欽禪師若非再來之人，怎可能依此方法便經常可以得定？出定後所覺不過頃刻間，但旁人皆知有時已過數個時辰……。

畢竟在禪的世界裡，若非真正的大徹大悟，一般的禪師仍然難免會有些干擾，前面祖欽禪師雖然在功夫上稍微有些入處，但是依此方法繼續修持，有時也會陷入掉舉之境，這點也形成了他不知如何繼續用功下去的困境……最後他又前往天目禪師之座下尋求解惑之道。

這位天目禪師生來便有神姿，在他六歲的時候，隨著他的母親到山上採草藥，走著走著突然間生出一個念想：「提著籃子的人是誰？」他不斷不斷反覆在思惟這個問題，但是一直尋找不出這個答案，回到家中便把這個疑問詢之於其母，他的母親跟他講，這個問題她沒辦法回答他，因為這個問題只有有修行的出家人才可以給他答案，因為這個問題引發他有出塵之志。到了十六歲他不但出了家，落了髮還受了具足戒，後來在佛照禪師座下學習宗下入處之法，之後文禮禪師因緣巧合聽到雲遊僧說到有一位行止頗為特殊的開悟禪師行儀，這段公案原來是一位崇岳禪師，當時正在薦福寺開展法席，崇岳禪師問其中的一位禪僧說：「請問行者不是風在動的時候，也不是旗幡在動？」被問的禪僧馬上想要回答，此時崇岳禪師拿起了身旁的拐杖，怒目喝斥把他驅逐出方丈室……。

文禮禪師當時正是因為聽聞這一位雲遊僧的轉述，僅僅是在那個聽聞的過程中就身心落入了空亡，未曾有之。文禮心中深知此師乃宿世因緣應當前往依止，接著，文禮便準備行囊投禮崇岳禪師，在崇岳禪師座下接受宗門旨要一段時日，得蒙崇岳一切心法印可之後，接續受到如琰法師之邀，把自己所得之法結緣於有緣眾生……文禮禪師平日除了大乘一切經典嫻熟，對於有朝文人所經之一切儒學、道學更是深入經案有加，連著名的朱子和陸九淵這一類的鴻儒也和文禮經常往來親切。一陣子朱熹曾經為了要讓門下儒生知悉他也是對禪有深入的見解，便經常去執禮文禮禪師，希望文禮可以把禪宗的大意悉數告知，有一天朱熹帶有習氣地問文禮禪師，何謂「毋不敬」的道理，文禮禪師語默淡然地把兩隻手臂交叉在胸前表示之，朱熹見勢之後，當下悟解！到處逢人傳頌說文禮禪師是當代的大善知識……。

博古通今著蒙鈔

《楞嚴經》在歷朝歷代均曾盛行於文林雅軒之中，再加上王陽明的學說更愈發地引起明代一班學子文人追求佛家的空無之境，尤其是《楞嚴經》！到了晚明時期發展幾乎到了人手一卷之勢，如錢謙益者，他是明朝末年風起雲湧的文人墨士所推崇的文林盟主，他的詩也是當時學術圈爭相傳誦、炙手可熱、人人必讀的範本，他之所以會受到當時時彥的吹捧，主要是錢謙益自少年時除了是一位風姿卓越，才學橫溢，精通儒釋道，更是一位博覽中國歷朝史冊，在佛學上的造詣可說是受到當時佛門四眾所尊崇的一位史學家，在詩學方面的造詣在當朝可以說是無人超其右也。他的詩以及他在文學上的造詣自有其獨特之風味，主要是意境上到處可見所表達的情真意切，除此以外，錢謙益對於佛典中《楞嚴經》奧義有深入之見解，更可說是獨步當朝，我們可以從其所著《大佛頂首楞嚴經疏解蒙鈔》便可以看出梗概。這裡面非常有次第地編排及有系統地把整部佛教思想史都有大略地介紹，同時他還把不同法派研究修持《楞嚴經》獲得證悟的著名行者修持的紀錄，詳細地記載做為各家專研參學極為重要的著作。據他自己所說，他在著作的過程中，總共長達七年之久，其間光是稿子就重新反覆審查經過了五次，最後才脫稿，可見其毫不含糊之一斑。

錢謙益在明代除了是一黨之魁，在民間有關他的傳聞軼事也都是人所盡知，他除了文章詩作明顯於外，更有風流才子之名，據說他到了花甲之年，還因緣結識了秦淮河畔著名的花樓狀元柳如是。柳如是可以說是明代人盡皆曉的青樓奇女子，她不但通於書墨丹青，詞曲唱功更是一流，奇特的是她有別於一般的青樓娼妓，由於長得出落水靈，再加上能文善詞口條靈妙，深得當時一班大學士追捧效仿，也由於和這些騷人墨客互動之間，在內涵上自然增添了許多，在她年紀尚輕十四五歲時，曾經被明代著名的大學士贖買之後，成為紅袖添香之侍妾，在研墨畫眉之餘，大學士也把精通之學盡傳於她，從此之後，無論在繪工或法書技藝上更上層樓。只是好光景不久，大學士由於年老色衰乘鶴駕西，柳如是也因此被其正室下堂驅除，柳如是無奈只能重返青樓過著舊雨新知的日子，在這段期間明朝的政局腐敗異常，再加上當朝的昏庸以至於奸臣小人坐大，真正的愛國之士反而無法得志，只能流連縱情於酒酣耳熱之際，那時候的文人為了排遣落寞，青樓往往是他們藏身澆愁之處，也因為如此柳如是正有因緣結識了當時秘密組織社團裡邊的領袖人物，期間往來甚密的就是東林黨。柳如是是一位有見識、有遠見、有才情、有魄力的風塵女子，由於所處的環境複雜詭譎，魚貫進出的尋歡之流，九色人等皆有，例如：當時的復社、幾社，復社在當時原本是一個結合政治圈和學術圈的一個團體，其實它是附屬於東林黨的社團，裡面的成員有許多都是東林黨的眷屬或者是後人，這個組織後來發展也頗為迅速，全盛時期一度擴展為全國人數多達數千人，分會遍及全國各處。這個社團原本的宗旨是培養後學為了解如何可以更堅定地影響更多的人進入團體，沒想到這無心插柳的想法在一段時期，卻能夠鵲起民間各個省分，當時許許多多的社紳名流也都與復社社員有所互動，視為一種無上的光榮。

復社如此龐大的組織自然影響民心是肯定而絕對的，連當時的明代四公子也都是復社的成員，例如冒辟疆、陳貞慧、侯方域、方以智也都是復社裡面重要的成員，可見它在民間的渲染力是足夠的，而冒辟疆之於董小宛就如同錢謙益之於柳如是。冒辟疆在明代也是舉足輕重的文人，但是一般人卻對董小宛比較清楚，原因是董小宛的花名大過於冒辟疆，冒辟疆這個人會在民間頗受敬重是因為在明朝覆滅之後，清廷給予名聞利養的誘惑冒辟疆從來未曾有動心過，威脅利誘不為所動，算得上是一位鐵錚漢子，寧可一生大隱於市，誓死不仕，這點倒是勝過於吳梅村。冒辟疆在清朝初期由於著作等身，無論是在詩詞或者是文學，都曾經紙貴於洛陽為文人們爭相讀誦的刊物，有傳世的頗多，例如《樸巢詩文集》和膾炙人口的《影梅庵憶語》和《冒氏小品四種》都曾是盛極一時的詩文集……。

講到柳如是稍微一講的是陳寅恪，此公為近代中國人文史上極有貢獻的大家，他是歷史學家也是文學家，特別是對於中國的古典文學方面有極深入的研究，也是中央研究院的院士，在民國初年曾經是和梁啟超、趙元任和王國維被譽為清華四大導師之一，可見他的學術地位有他一定的分量。據說他還精通二十多種的語言，比較不可思議的是他雖然精通古代中國文學和歷史，但是他後來還曾經遠渡哈佛大學追隨一位教授學習古梵文和巴利文，在那段期間他也鑽研了不少相關佛學方面的論著，可見陳寅恪和佛學的因緣是有其深入的部分。不但如此，他還研究了藏文，特別精通的是梵文和巴利文，他之所以對西藏的文學文字產生興趣是他認為藏文跟漢文其實它的系統相差不遠，研究起來極為方便又可深入，但是彎諷刺的是陳寅恪早期的求學生涯可以說是貫通中西，深諳多國語言，但令人不解的是他的一生當中卻從來未曾獲得過任何一個學校給予他結業證明，依照如此的背景和條件卻又可以受聘在清華教書，也算是一個異數。在教學的那段期間，也可說是陳寅恪在佛學上面所花的心思跟貢獻最卓著的一段期間，他除了在學院裡傳授佛典的翻譯以及文學以外，他把跟佛教相關的一切資料為了表示心中的敬重，還用黃色的系列，特別地包裹以示分別。在當時著名的朱自清、吳宓和馮友蘭幾乎是每課必到，近代的著名歷史學家姚從吾還特別說到：「陳寅恪是了不得的教授中的教授，我在他的面前，充其量只能說是他的助教而已⋯⋯」陳寅恪雖然在近代文史界中受人敬仰，但是更重要的是他對追求學問的態度一直是未曾懈怠，即便是他最忙碌，最困苦的時期，他依舊無止境地在追求他所喜愛的境界，譬如他在清華大學任教的期間，因為教學課程和著作，已經讓他忙得無法分身，但是他卻想盡一切辦法抽空去繼續研究他的梵文。他個人的人格和特徵也是極受國人的尊崇，他在香港期間曾經接任中國文學系的系主任，任職期間因為香港受到日軍侵略淪陷的緣故，香港居民普遍生活極為拮据，當時因為陳寅恪精通日文，日軍經常想方設法拉攏。但是陳寅恪極為有氣節地不為所動，日軍無論是在住食方面，都給予十分優厚的條件，時而也會餽贈禮品給陳寅恪，但是全部都遭陳寅恪的拒絕，陳寅恪在香港期間乾脆就把門深閉在家中編撰史冊以及治學度日⋯⋯總之陳師的人格及大師的風範是受人所景仰的。

在民初有一批學者對於《楞嚴經》都是持偽經的態度，特別是呂澂，當時他是歐陽漸的弟子，弄了一個支那內學院，專門講授唯識學，想要繼起中興唯識學的地位，可惜的是呂氏雖然也通曉梵、藏、巴利文，但是在正知正見方面似乎反遜陳寅恪一籌。在當時的一片批判《楞嚴經》是偽經的學者當中，聲浪最大的就是呂澂，反倒當時曾經為了編寫《柳如是別傳》一書的陳寅恪，他力排眾議以他研究古梵文的學者立場公正地說《楞嚴經》、楞嚴咒都是從梵文翻譯過來的，這點不是中國人可以任意偽造的……。

關於《楞嚴經》的真偽以及學者站在學術角度上的質疑，此點不談，因為學者的立場始終就是站在學術思想研究的觀點上做為批判的根據，但事實上，佛經如果沒有在聞、思、修三學以及戒、定、慧條件的熏習下，光是用文字相做為質疑確實是頗為偏頗的一件事。如果《楞嚴經》有問題，那麼也等同我們對於三寶中的開悟僧寶有了質疑，此種業力實屬不可思議，因為在佛教的傳承中，歷代的祖祖輩輩，未曾有一師對《楞嚴經》有過任何的疑問，從明代、清代到民初，明代的四大禪師蓮池、蕅益、紫柏、憨山這些都是倒駕慈航顯應於世間的真菩薩，還有交光大師、徹悟禪師哪一位不是推崇信解交讚不已，到了近代更有虛雲老和尚、太虛大師、印光大師和金陵刻經處的楊仁山居士。

法妙難思唯信解

在我所讀誦過的近代關於《楞嚴經》重點的提示，虛雲老和尚是其中對於《楞嚴經》有精闢深入了解的一代宗師，甚至於把自己閱讀《楞嚴經》的經驗，無漏地開示於後學，他曾說參禪開悟最重要的是要去熟讀《楞嚴經》，先不用管能不能理解整部經文它的內義，他說：「只要可以不間斷地持誦熟讀《楞嚴經》本文，不需要先去了解它的意思，初期只要可以每日熟讀，讀到可以背誦，到那個時期，必然可以因為前面的文義去解釋後面的文句，最後也可以把熟讀過的後面的文義，用來解釋前面的文辭。這部經是從凡夫的起修直到成就菩提為止，從無情的眾生說到有情的眾生，整個十法界之中，從四聖（聲聞、緣覺、菩薩、佛），這四種聖者已經透過修持解決了一切煩惱障，並且可斷除輪迴一切的痛苦，這一類屬於出世間的聖者，至於六種凡夫（天人、修羅、人、餓鬼、畜生及地獄）所說的是在六道當中的一切凡夫，除了解脫證果，否則只是仍然過著背覺合塵的日子而已，隨著業力的造作不斷地在輪迴當中打滾，無法超脫，這個叫做背覺。六道之中所有的一切眾生之所以仍然沉淪在六道之中輾轉輪轉業海的原因，就是因為所有的眾生都不能吃苦，把痛苦當成是快樂的使用，這無疑就是在自欺欺人，不斷地要影響別人解脫佛法，如果懂因果就會明白，如何才是真正地做到《守護三門》上面所寫的那般去遵守，這便是我們凡夫應該要去在意的，如何可以做到不在輪迴和六道之中流轉生死這才是重點……什麼叫做十法界？十法界從佛部開始，一直到三惡道，這個流程當中，除了佛是真正的究竟解脫以外，其他的都還各自有其發揮的空間。佛應該如何勝解？佛就是以這劫的導師「本師釋迦牟尼佛」為代表，所有一切法界之中任何一道的眾生，我們都要令他們離苦得樂，本師釋迦牟尼佛為了尋求解脫之道，以及為了所有的眾生都可以離苦得樂，他當年拜訪了印度最著名的九十六種外道之師，遍學了之後，發覺這不是他要的，而且也不知道如何真正地去利益眾生，之後他選擇了獨自一人追求真理，最後還發願為了解脫所有一切眾生的痛苦，用了六年的時間才體悟到了解脫最重要的真諦。當時他在菩提樹下開悟的時候，曾經講了一段話，這段話對於修行的佛教徒來講極為重要！重點是在於眾生可不可以相信，畢竟修一切法最重要的是源自於信解的心。因此佛當年舉頭遙望虛空中的朗星，最後語重心長地說了一段悟偈：「奇矣哉！原來一切的眾生，都俱足有佛的自性，只因為妄想和執著所以沒有辦法悟得。」另外還有一段佛所說的偈文也是重要的關鍵，內文是「我法妙難思，不信云何解？辛勤我所證，顯說為徒勞，寧願不開演，速急入涅槃。」這段話至為重要，釋迦牟尼佛辛勤修持苦行，所證得的如果任意地逢人便說，究竟有何義？究竟解脫的妙法，如果一切眾生無法生起淨信，那即便舌燦蓮花，舌敝脣焦，又有何義？眾生真的可以相信，在這個法界裡面還存在著有這麼不可思議解脫生死的妙法嗎？修持解脫這條道路是極妙難思的……。

一切法各有其因緣，佛觀察了將近一個禮拜、二個禮拜乃至於不知道幾個七，原本是要開演華嚴大義，無奈眾生福薄，只能從四諦、十二因緣說起。於是第一次的緣起是從五比丘開始，這段因緣是這樣子說起的，五比丘就是憍陳如、摩訶那摩、跋波、阿捨婆闍、跋陀羅闍，這五個比丘原本誤解了佛陀違背了當初出家修持苦行的初衷，所以他們心中不僅對他產生了質疑，因此當佛開悟從菩提樹下起身往他們修行之處前往時，遠遠地他們都看到釋迦牟尼佛從遠處步行而來，在稍早之前原來他們五個人已經早就商量過，當佛陀過來的時候，他們全部準備不給他頂禮，也不起身恭敬地迎接，就用冷處理的方式和祂互動，也不要和祂話家常，討論任何關心的話題……當場五個人甚至於還彼此有默契地達成了為了不讓祂久留，連蒲團也省卻了，大家講好了當佛陀即將靠近他們的時候，五比丘還佯裝沒看到祂。

開了悟的佛陀俱足三十二相，八十種的隨行好，從自性裡所散發出來的莊嚴光明，威德不可思議的攝受力奇蹟似地使得這五個比丘，不得不在看到了佛陀以後不自覺自發性地一躍而起，偏袒右肩恭敬地頂禮，以額碰觸佛足，誠惶誠恐深怕有所閃失，接著準備了寶具請佛入座，頂禮如儀之後，每人各自幫佛陀捧衣持缽，用清淨的香湯供養佛陀，隨侍浴手、洗足和漱口，前面幾個人七嘴八舌原本講好的那一套忽然之間好像全部拋諸腦後，完全忘記了一般，全部恭敬異口同聲地稱謂一聲瞿曇。這時候的佛反倒笑笑地問說：「我聽到你們剛剛不是都講好了，如果我來的時候不要理會，也不須起立迎接我嗎？怎麼一會兒工夫完全不一樣？變成全部都來供養服侍我？」這一番話說得五個比丘個個面紅羞愧，尷尬得不得了，一方面感佩佛陀的神通力，一方面又為自己無知的心思深感愧惶。由於佛陀的威德力使這五比丘的灰暗心境煥然改觀，轉變成殷殷承侍，比過往承侍佛陀更加地恭敬，異口同聲地問候佛陀說：「瞿曇！您這麼一路走來疲憊嗎？」

釋迦牟尼佛笑笑地問他們說：「你們為什麼就這樣子直接稱呼我的名諱呢？如果在世間法上這是非常不尊重之行徑，你們是否曾經看過在世俗上，有哪一個子女是直接叫喊自己父母的名字？何況佛更是一切眾生的父母，佛即便不在意，因為佛的心量好比虛空一般廣闊無垠，對於世俗八法早就不起分別，可是對於如此傲慢的你們，這裡面恐怕會有業力啊！」

這五個比丘聽了佛陀的教誨，心中更形慚愧無地自容，全部很愧惶地雙手合十，慚愧地對佛懺悔說到：「佛啊！弟子們實在是非常地無明啊！眼睛完全被遮蓋住了，沒有看清楚佛陀您早已經證悟。我們早先是因為您在修持苦行期間，本來是每日依靠一麻一粟，艱苦卓忍地修持苦行長達六年的時間，由於看到了牧羊女對佛陀您的供養，因為這個緣故，我們大家誤會了，以為佛是在意執著美食，所以心中產生了一些邪知邪見……」

這個時候的佛陀很慈藹地微笑告訴他們說：「你們千萬不要用凡夫的世智聰辯去判斷一個修行人到底有沒有真正獲得開悟，為什麼？因為如果你一直用慣有的苦行方法來鍛鍊自己的肉體，到最後修行人一定會產生煩惱心，反過來說，一個人如果過度地縱情於安樂和享受之中，藉以滋潤溫養自己的肉體，到時也容易產生一切的貪愛和執著的念想。因此，不管修行是用苦行或者是享樂的方式，這些都不是正確修行成道的方法。」

佛陀接著又對這五位比丘繼續開示：「就好像用木頭去生火，此時如果用水潑它，熾熱光明的火焰是無法顯現出來的，修行就好比生火一般，雖然心裡邊想著，要生起智慧的火焰，可是另一方面卻又不斷地加以各式各樣痛苦和快樂的水去潑澆它，如此一來智慧的光芒又怎麼會顯現呢？一旦智慧的火焰顯現不出來，你又怎麼去除滅我們無始以來虛生浪死在生死無明的障礙呢？修行人唯獨只有用中道的方法捨棄苦和樂，心才有辦法安住於寂靜之境，再進一步才有辦法去行持八正道，用八正道的法門去除生、老、病、死的痛苦，這段時日我也因為修持中道法門才會證得成佛之道……」這是釋迦牟尼佛悟道以後，度五比丘的一段過程。當時這五個比丘親自聽到釋迦牟尼佛整個悟道的過程，每個人從內心中生起了無比的法喜，每個人兩眼不斷地仰視著佛陀慈悲又莊嚴的容貌，片刻也無法轉移……。

這個就是佛慈悲又俱足智慧的展現，他知道這五個比丘他們修學成道的因緣已經到達了，所以就開示他們如何去修持和觀察人世間的五蘊熾盛的痛苦，以及人世間的八種苦難……佛陀當時指示五個比丘所行使的法門，就是要離開三毒用來對治人間八法，以及如何地消除我執和貪、瞋、癡。佛告訴五比丘這些修持的方法，在八正道中全部都俱足，所以要五比丘依八正道奉行修持，這種方式就好像用水去澆熄正在燃燒旺盛的火焰，如此一來才不至於會死灰復燃……。

所有的一切眾生都是因為不了解痛苦產生的根本到底是什麼？所以才會永久地仰視生生死死，漂流在輪迴之中。因此要修持達到已經知道什麼是痛苦，而且已做到了斷除一切痛苦的總集，同時也證悟到如何去消滅這些痛苦的根本，所以就可以成就正等正覺……修持佛法從這裡就可以看得出來，因此我們如果也可以做到知苦等修行的流程以及次第……聽完了佛陀的教示以後，這五位比丘似乎都各有所得。

常住真心無輪迴

明代的破山海明禪師，也是明朝研究《楞嚴經》而得到開悟的禪僧。他的師父是極為著名的圓悟禪師，海明禪師出家的時間也頗早，十九歲便已落髮常駐於寺廟之中，海明禪師極為好學，出家以後從未閒置任何的時間，只有他不斷地參究，到處參學聆聽佛法，只要一聽聞何處有高僧傳播佛法，特別是《楞嚴經》，海明禪師便會不辭辛苦地跋山涉水，只為了要聽聞解脫之道。有一次參學聽聞慧然法師所說的《楞嚴經》，說著說著講到了一段一切眾生，皆由不知常住真心。性淨明體，用諸妄想，此想不真，故有輪轉。當海明禪師聽到這段經文的時候，心中一度滅絕，請問了很多大師，仍然不得其門而入，最後他找到了《楞嚴經》，幾乎日日夜夜反反覆覆，挖空心思地去研讀《楞嚴經》。海明禪師也跟大部分的人一樣，在研究《楞嚴經》的時候，他也是用盡了所有的心思，最後他把《楞嚴》裡面的這一段反覆不斷地去思惟，漸漸地從前面的七處徵心、八還辨見，這些道理弄得清清楚楚，並且從閱讀中多次進入似有省悟的境界。但是他心中自己覺得這些都不是，所以有一天他決定要去向當時專講《楞嚴經》的慧然法師請法，可惜與當時的慧然法師經過深談之後，發覺無法解決海明禪師的疑處。最後，海明禪師幾經思惟之後，他覺得人生無常，應該在此生儘快能夠參透本來，才對得起自己的法身慧命，因此就告假遊走十方，參遍當時所有的開悟大德，其中比較著名的是憨山大師、博山禪師……等等。

關於海明禪師起初聽聞《楞嚴經》的緣起，他聽聞到一切眾生，皆由不知常住真心。性淨明體，用諸妄想，此想不真，故有輪轉。大部分的《楞嚴》學人讀到此處也會跟海明禪師一般地思惟，這段經文的全文應該是如此「汝等當知。一切眾生。從無始來。生死相續。皆由不知常住真心。性淨明體。用諸妄想。此想不真。故有輪轉。」

這段文字的前因後果是因為釋迦牟尼佛用盡一切心思，目的就是要指引阿難親見真心本分的一段內涵。當時釋迦牟尼佛是這樣子對阿難說的，祂說：「阿難啊！你和我兄弟兩人的感情向來就極為深厚，但是我想請問你，當初當你想要發心尋求無上正等正覺的時候，你到底在我所顯現的佛法當中，你究竟是看到了什麼可以吸引你的，讓你可以放棄這人世間的種種恩愛啊？」

阿難回答佛說：「佛啊！我當時是被佛您身上所俱足的三十二種不可思議的莊嚴寶相給吸引住了。當時我所看到的佛身體上面呈現出來的是那樣子地潔淨無瑕，透明如同水晶一般地光明，我當時自己在想能夠獲得如此常人所無法修得的妙美難倫的身相，絕對不可能從世俗男女之間的情愛、肉體的慾望可以獲得的，為什麼呢？人世間男女的貪愛跟慾望，從色慾的混濁之氣所產生，男女交媾精血交融雜亂交織，習氣作用之下翻轉於男歡女愛，在慾望之河裡永無出期，所以絕對不可能可以獲得如此的光明無瑕之寶相。我因為看到了如來如此的身相，我心中產生了極度的崇拜仰慕之心，而想要跟隨如來出家的。」

如來聽完了阿難的說明以後，說了一句：「很好啊！阿難，你應該要知道所有的一切眾生都是因為長時間以來，就已經沉淪在生生死死的遊戲當中，這一切都是因為眾生不了解所謂的『不生不滅、不移不動』的真實本體的原因，也就是真心。心的本質本來就是光明清淨沒有瑕疵的，可是如果把心用在我們的妄念上面，那妄念就會變成顛倒，也因為這個顛倒，所有的一切眾生都會在生死煩惱輪迴中永不停歇。如果你想要學習無上的智慧，真正可以明解心真實的一面，你就應該要老實地回答。所有一切十方諸佛，祂們的修行也都是如此，之所以可以脫離生死和輪迴，主要都是來自於用真心去修行的緣故，心和口真心實在地由始至終都融入在修行裡面。果然如此，你的修行絕對不會產生任何的阻礙和曲折……」

海明禪師因為讀取了《楞嚴經》，明白了阿難當時和佛陀之間一問一答，所謂「七處徵心」，所謂「八還辨見」兩個重要的問題。為何佛明明知道阿難當時追隨出家，是因為見到了佛陀，因為證悟成佛，所顯現於外的紫磨金色所幻化出來的金黃色寶光給吸引住而出家的，佛當時提此一問是為了要相扣摩登伽女和阿難的因緣有著不可分割的相同問題。這個問題也都是源自於眾生的眼根貪著於外層的美色而產生的障礙，從十二因緣的角度來看，這也是佛陀當年度化五比丘另外的一個緣起。眾生一切的問題是不了解，正因為不明白、不了解自己的分別，蒙蔽了自己的心，自己的心接續著去造作了下一步的動作，這些來因主要都是來自於過去世自己的煩惱業障帶來的一切惑業，也因為如此把自己的佛性給塵封住了，塵封覆蓋以後，這個真心在未被啟發之前，就猶如關閉在不見掌紋的暗室當中，這個稱之為「無明」。什麼叫做「行」？「行」就是經由身、口、意所造作出來的一切不善的業力。從身三、口四、意三，由身體的行為，行使了殺、盜、淫三種惡業；在嘴巴方面造作了妄語、惡口和兩舌以及綺語四種不好的口業；在自己的心意行使了貪、瞋、癡。如此就叫做不善的行為，會有這些不善的行為當然是跟我們眾生的「識」有關，所謂的「識」，講的是八識，這八識是我們眾生人人都俱足的，身上都自己有的，所謂的眼識、耳識、鼻識、舌識、身識……等等。什麼叫做「名色」？在這裡所說的名就是我們的心，意思是說心只是一個名詞而已，而不是實際上的實質存在，但是色所說的卻是指我們的身體，身體的各個部分包含怎麼產生、要多久的時間，這個都是所講的名色。「六入」，是延續前面所說的名色，意思是在講身體的構造全部都俱足了以後，種種的感受和思想接著就會產生，這個叫做「六根」，有了六根很自然地隨著時間空間和環境不斷地成長，所要接觸的人、事、地、物，無形地也會愈來愈多，此時六根自然地就會產生力量。「觸」對我們修行人來說是既陌生又缺乏安全感的，人類到了成長的幼兒時期，這個時候的小孩子雖然腳會走、手會動，眼、耳、鼻、舌、身、意都會和身、口、意產生接觸。第七個流程來到了「受」，「受」就是人從小出生到自己孤零零地走完這一期的人生，這個過程很容易會從眼、耳、鼻、舌、身、意由於外境的干擾和影響，有時候也會產生好惡和分別心，在互動六根的過程中所產生的一切的感受，就叫做「受」；人類的覺受、感受能力大約從懂事以後就會產生作用，由於從眼根看到美色，從耳朵聽聞到一切的美聲，從鼻根嗅聞到各類的味道，身體上從小到老所能適應的一切感受，再加上因為這些六根互動的關係，使得自己的內心境界無法生起任何的動力，因為這一切都是從「受」的範圍所產生的。第八個過程所說的是「愛」，人類到了青春期，身心的變化是蠻大的，一方面為了要力求表現，對異性產生吸引力，人很容易在接受的過程當中，把異性定位在自己的終極目標上。

當看到了對境上的許多誘惑，無論是美色、外境或是一切所喜好的物品，都會產生想要占有的想法，這個叫做「取」，四處尋找自己感官上面所感受到的一切，想要自己擁有，這個便是「取」。「取」也是來自於自己的貪愛跟執著所產生的，接著慢慢地人心不足，所要獲得的利益和占有的心就愈來愈大，目的只有一個，從對外境的一切都生起了馬上獲得並且占有的想法，這個就叫做「取」。取得以後，由於所取的來源各有因果，這些因果業力所累積的結果就是一切因緣業力所有，這個叫做「有」。什麼叫做「生」？我們這一生這一世，無論是善業或惡業所集合而成的業力，成為了下一世六道輪迴投胎的主要原因，就叫做「生」。一個新的生命開始，也代表著人類身體自然的過程都要經歷過生、老、病、死的流程，這個就叫做「老死」。

自心安住於法忍

《楞嚴經》無論是起頭或是過程所講的無非都是在心，一切的大定也無非來自於心，從最初的奢摩他乃至於超越生死輪迴之路，都離不開這個心。但是，重點是眾生是否可以真正地體悟佛陀當時老婆心切的一面，這個就是關乎到我們在學習佛法的過程中，就要先俱足正知正見。佛陀從初時示現阿難舉臂屈指化為光明，這一開始就是在提示什麼是心？在問的同時，也在等待阿難的答案。同時也不斷地在問阿難：「心到底在哪裡？」佛怎麼有可能會不知道？目的為的就是要從此舉出客塵對於吾人的影響到底有多深，同時也從對阿難的示現中提示出娑婆世界的眾生在沒有受到開示指引之前，都容易受到攀緣心的干擾把自性清淨的明體給遮蔽住，顛倒錯亂，主要是眾生未能明白真心，而遠離了心性，因此流轉於生死的漩渦裡面。

接著，佛陀很想讓大家能夠直接進入心性湛然不動，不要受到妄想、執著、分別心的干擾，最終都可以進入湛然遼闊、遠離一切身心和習氣所引發的實相境界。這個是進入悟道的基本，一個行者如果可以進入到妄念不生的狀態，把身心一切的業氣、行為全部阻斷，讓心安住於法忍之中，這也就是佛陀不斷地在告訴阿難說：「這個世界一切現象都是來自於我們人的心所變現出來的」，包含這個世界上所有、所看、所聞，微細得如同光線照耀之下一切的粉塵，大如同須彌山，這一切的一切，都離不開他的自性，就算是寬廣無垠的虛空界，也有它的名相，這個就是我們人人本自俱足的妙明真心。它代表著我們的精神和心理世界的本質，那是沒有任何自性的，但是如果執著於意識分別或者了知上的感官，把這個認做是真心，那如此說來這個心就應該要遠離一切的色、身、香、味、觸、法，而另外還有一個獨立的本體存在。舉個例子來講，就好比你現在聽著我說話，那是因為你有聽到音聲你才會有分別心，那請問如果你沒有聽到聲音，那可以聽的心又在哪裡呢？如果現在你可以把一切可以看的、可以聽的、可以感覺的全部都停止，就如同所說的「內守幽閒。猶為法塵。分別影事。」我們的心其實是什麼都不存在的，什麼也沒有的，就如同你暫時關閉在地下防空洞裡邊，看不到、聽不到，什麼感受也都不存在，這種幽閒空空蕩蕩的境界，其實也只是暫時性的被壓抑住潛蟄於內的短暫現象而已，並非內心實質自性的本體。在現實生活當中大部分的人也是如此，由於沒有真正地開悟見性，在這之前人本能地都會認物為己，譬如說把自己的身體髮膚當做這個就是自性。事實上，這是因為沒有學佛之前，大多數人只要是眾生都會產生的錯解，如果你仔細地去問一個人，你說你的頭髮、你的皮膚、你的眼睛身上所有的一切就是代表你自己，那請問你又是從哪裡來？是從你的父親、母親娘胎所生下來的。這個代表你嗎？這個不是代表你，這個是你在上一世即將要投胎還沒有確定之前，神識飄飄蕩蕩，由於累劫的業緣所感，你在眾多的入胎處被你父母親在交媾中的情景所吸引住，所以你入胎了，有這一期的生命是緣自於父精母血所來。關於這點佛在世的時候，特別還為阿難尊者代表的一些僧眾講說《佛說胞胎經》，這部經不是只有顯教有翻譯，在西藏翻譯的經題較長，翻譯為《佛為阿難所說入胎經》。從這個經典的內容來看，佛陀當年為眾生所演述的這部經意義極為深遠，這裡面包含了一個為人父母在準備一個新的生命進入到自己的生命當中，彼此之間如何去看待兩造之間的因緣，也教導了為人父母從準備懷孕開始，在心境上應該如何去迎接另外一個生命的誕生，這中間已經牽涉到生死因果輪迴的問題。我們如果把一個人的生命體看成是一件嚴肅的問題，那必然就會觀照到整個出生所有的過程，都可以掌握得清清楚楚，這也是一個新生命誕生在這個法界裡，和這個世界的因緣，誰也沒有任何的權利去阻止，這也是修行學佛它的緣起。

無論是我們色身肉體在娑婆世界裡面誕生，經由父母給予我們的生命能量元素地、水、火、風，這都是一種緣起，透過緣起去了解一切諸法的起源包含一個生命，從修持裡面去進入一切法了無自性，體悟到法界中一切諸法的流序，最終進入到一切諸法空寂證得涅槃。所以，一般人沒有辦法去注意到從佛教裡面的「十二因緣」觀修法，每一個階段都是我們見性解脫的好機會，即便我們現在在了解佛陀當年為什麼要這麼慈悲地講這部經。十二個階段裡面的「有」就是在介紹「中有」的過程，「中有」講的就是中陰身也有人講成「生有」或者是「本有」，這些和眾生在投胎那一剎那身體和心靈所產生的執著都有關係，這個範圍可以牽涉蠻大。例如說：一般人比較上來講比較會去在意、去研究、去了解的應該是在「死有」這個階段，因為眾生的無明如同在黑暗無燈的角落裡勉強支撐著，但實際上，這個階段的眾生心中所產生的糾結是最大的，因為誰也不想死，沒有一個不怕死，所以這麼多年來，為什麼只要是中陰身的書籍就會有這麼多人關注，就是因為大多數的人都知道有生必有死，誰也逃不掉。但是，一個人在臨命終的時候，如何讓他的心處於最舒適的狀態？在往生的過程中，最重要的莫過於受胎和入胎的階段，透過生生世世不斷地在生死的大海之中載浮載沉，從來沒有任何一個生命有暫時停止過，就表示輪迴是不空的，修行人也會從靈魂投胎轉世的過程中了解到一切因緣和合的不可思議。人類的無明，再度透過選擇胎位的過程中到經由業力吸引的入投，這些都是來自於過去世因為無明而造作的種種的業力所造成的。前面所說的，為什麼會跟現世的父母結緣？為什麼在那個狀態下會有一股吸引的力量？這都是所說的「不生貪愛，不入娑婆。」因一念無明，對父母交媾中執著貪愛男根，結果終必生為女身，如果因為貪執女根，投生就會成為男身，這一切的一切都是來自於無明貪愛雜染之心所產生的。除此以外，便是與父母的因緣和合以及自己因果業力的牽引，但是這個裡面也必須有其他的條件組合才有辦法入胎。如果你自己本身在中陰身的時候，和未來世的父母彼此之間因緣、因果業力差距如果太大，也無法入胎；再來，還要看看自己和未來世的母親當時的生理狀況吻不吻合投胎入胎的時間；最重要的一點，未來世的父母兩個人之中只要有生理上面的疾病，也無法入胎；除非一切的因緣和合俱足，要不然這種例子倒是很多……關於入胎的問題牽涉到三種因緣業力剛好都俱足的眾生，那才有辦法組合成殊勝的三種業緣，否則是沒有辦法成為完整的人身。一旦得了人身以後，一個新的生命開始形成，這一切都是因為因緣和合所產生的胞胎，然後新的色、受、想、行、識也接著產生。在色身方面，也必須要有地、水、火、風的元素，讓有情眾生的生命可以完成健康構造，無論是四大條件也好，或者是業力的組合，最後因為因緣的組合漸漸地生命可以成長……。

周行七步有意涵

什麼叫做四大？例如我們的肉體組合上有骨頭、有肉、有脊椎非常地堅固，所以稱之為土大。身上所流的血液、鼻涕、水和大小便等等，它象徵著水性和濕性。什麼是火？我們身上的溫度、呼吸的熱氣，這些都屬於火大的範圍。呼吸它是有動性，隨著氣的進出呼吸它不是固定的，有入和出二相，這些都是不穩定的來去進出，這些都是有動相的，所以屬於風大。簡單地敘述這四大種也是形成我們人的生命和身體所依之來源，也是從父母雙方的地、水、火、風的業氣所給予的，任何一個眾生他的生命的形成和開展都是從色、受、想、行、識和地、水、火、風而開始的，一個象徵色身的成熟以及心理方面的思想形成……這一大串過程所指的就屬於「生有」的範圍。

投生到娑婆世界經由母胎，每一個眾生都是如此，都有他必須經過的歷程，即便是菩薩受生也有祂的因緣，例如釋迦牟尼佛投生於人世間，祂剛出生時為什麼要步行七步，一手指天一手指地？佛經講「天上地下，唯我獨尊」，意思是講菩薩為了展示自己投生於人道自有其力量的緣故，所以呢顯現周行七步的緣起，第二種因緣是為了示現布施相，祂所布施的為七種相所以才會有周行七步的說法。周行七步所示現的，就是要對一切眾生布施信財、愧財、戒財、慚財、聞財、捨財、慧財的意思，另外是為了要圓滿地神的願望，所以才會走七步。另外一種原因是為了要顯現超越三界才走七步，並且要示現大乘菩薩的行、願超過象王行、牛王行、獅子王行，所以呢才走七步。同時也是為了要顯現金剛地相的關係，所以才走七步；因為要顯現菩薩給予眾生的勇猛之相，所以才會步行七步；也是為了要顯現修行七覺寶道的關係，因此走了七步，同時也為了要讓眾生明白菩薩所成就的一切法，獲得的一切法都非他教，所以才要周行七步；最後是為了要顯現在這個娑婆世界裡已經沒有超過菩薩的殊勝之處，因此，顯現了周行七步的示現。這所有的一切顯現也都是菩薩為了要轉化、降伏眾生的原因，所以才會周行七步……。

為什麼舉出這段？因為六道眾生之中，都有其投胎之方式，人道之中投胎會經由中陰身，即便是菩薩，一旦要墮入母胎遭受隔陰之迷，這是他修行大乘三大阿僧祇劫必然會經過的歷程。但是菩薩入胎的方式跟眾生入胎的途徑是大不相同，菩薩要進入母胎所依靠的就是正念和多生累劫的修持功德，如此再進入母胎進入受生，在這受生的過程中又可以區分為三種不同層次的入胎法。根器最好的人是當他要入胎的時候或者是中間住胎的時候，最後到他出胎，從頭至尾都有必定的過程，同時依照三種不同的境界而決定如何入胎，有些菩薩最殊勝的是在於祂不管是入胎或出胎都是清清明明，從未顛倒。例如釋迦牟尼佛生生世世都曾投胎化現為各類不同的身分，確實做到所謂「內除貪愛，外行布施」，內外相應，獲得福德無量；有時看到他人作惡，但是仍然可以做到不見其過，在自己的心裡面從來沒有生起過任何的分別想，真正地做到離一切相，心中遠離了一切能所相對無上的一切善行。因此，釋迦牟尼佛在過去世當中有一世祂化現為常不輕菩薩，祂見到任何人都會先讚嘆地說將來他們必定會成佛，雖然許多人對於祂的這種行為有不以為然的看法，甚至於出言不遜地批評說這是矯情或是刻意，所以有些人甚至於會語氣很不尊重地謾罵著常不輕菩薩，即便如此，當時的常不輕菩薩還是語氣十分地柔順，並且從未強迫或勉強他人做出不是他心中所想像的那般。問題是常不輕菩薩從未因為別人的批評而停頓自己的這種行為，所以經常惹來其他僧眾對他的揶揄或者是言語上的批判，甚至於還演變成有些人看他愈看愈不順眼，有時候有些品性比較偏激自我的人還會拿地上的石頭侵犯祂、攻擊祂，砸石頭打在祂的身上弄得遍體鱗傷。一般人絕對無法承受如此的對待，可是常不輕菩薩仍舊是對這些曾經傷害過祂的人還是繼續讚嘆他們，而加諸在祂身上的傷害卻從未提及。

在日常生活中，祂仍舊是對這些眾生說：「我絕對不敢輕視你們任何一個人，因為將來你們都一定會成佛。」而常不輕菩薩祂有一個特點是一般眾生永遠沒有辦法做到的，那就是不管任何人如何地看不起祂、鄙視祂，可是祂心中絲毫沒有生起任何的不高興或者是瞋心，祂仍繼續為一切眾生讚嘆祈福。祂對任何的一切有情眾生無論如何地傷害輕賤祂，祂始終都保持著對眾生的恭敬，從來不會因為眾生用鄙俗的行為傷害祂，祂就改變了祂的品德……。

在不可數的過去生中，釋迦牟尼佛也曾經當過一個國家的國王，統理偌大的王國，所住的地方無論是樓閣、宮殿，一切都是用四種人世間最珍貴的寶物所砌成的，即便如此享盡一切人間的富貴卻沒有影響他利益一切眾生的善行。在他的統治底下，除了推行一切的善法與功德，國內只要是有人沒有任何的謀生能力或者無人奉養，加上又貧病相交，國王對於這類的眾生都特別地關照，因此，在那段時間裡，所有的一切眾生都不斷地在行使十善法，所有他的子民往生的時候都會投往善道享受福澤。因為如此，引起了帝釋天天主的注意，變成羅剎來試驗他，羅剎用盡一切心計來國王所住的皇宮為他講述「諸行無常，有生有滅」，這道理使得國王聽完之後心生歡喜，並且心裡認為所說的內容對於修持菩提道路極有幫助，所以就很虔誠地要羅剎繼續往下宣講。這時候的羅剎覺得時機已到，所以就提出了要求，他對國王說：「我現在餓得不得了，一定要用新鮮的人血人肉提供給我，等我吃飽了自然才有辦法有力量為你繼續講述佛法。」

國王當時心裡面在想：「傷害別人換取自己的利益，這絕對是不可為，但是，我為了要聽聞佛法，我可以布施自己。」國王後來真的就布施了自己，羅剎也遵照他自己所說的信守承諾，把殊勝的整段偈文講得完整清楚，之後，國王此時的心境充滿了無法形容的喜悅，這個時候的心態是：「現在我所得到的這個法才是真正通往菩提道路打開涅槃解脫的大門，也是一切諸佛菩薩共同修持的殊勝之道。」

這國王想到這裡的時候義無反顧地就拿起刀子從胸口挖了一大把的肉供養給傳述佛法的羅剎，羅剎很快地就把肉吃得乾乾淨淨，問題是吃完了以後還覺得餓，國王在旁邊完全沒有顧及到自己的血不斷地流淌下來，再加上胸口因為刀割胸肉非常地痛苦，但是這羅剎還是覺得一直沒有飽足感，另外一邊的國王因為所獲得的喜悅之感震盪了他全身的血脈，他非常地激動，他就對羅剎說：「如果我剛剛挖給你的肉仍然無法滿足你的饑餓，那我還可以把我身上其他的部分割下來給你。」

當國王才生起這個願力的時候，整個大地上顯現了神變的六種震動，同時，在天界的天人們也為了讚嘆國王的堅定道心紛紛地從虛空中降下了花雨……這個舉動感動了帝釋天，帝釋天當時心裡也在想：「我也應該適可而止，繼續地為難這位國王也不是如法的事，我想就到此為止了。」

他心中已經下了這個決定之後，他當場問這個國王，他問國王說：「你剛剛在割自己身上的肉的時候，你當時的心態是不是有不滿的情緒在你的心中？」

國王聽了羅剎請問他的話，國王馬上就回答說：「我從頭到尾都沒有一絲一毫不樂意或者瞋心，如果要講有的話，我心裡面產生的只有對在地獄道受苦的眾生心中不斷地湧現悲憫之情。」

羅剎聽國王這麼講，他展現了不以為然的表情，他跟國王說：「你現在所講的話有誰可以相信？」

國王講：「我現在所說的每一句話句句屬實，任何人聽了必然會相信。」

帝釋天還是不放過他，他更進一步地說：「你乾脆啊用你所說的真實之語，讓你受苦的身體立刻恢復原貌。」

國王為了要讓眼前的羅剎滿足他的心願，他也隨順地發願說：「我今天如此地布施身上的任何一寸血肉，我都是歡喜的，沒有絲毫的不願意或不開心，同時反而令我對正在受苦的眾生更增強了我的悲心，如果我所說的言語是真實不虛的，希望藉由這個願力讓我的身體立刻恢復原來的模樣。」

國王才說完而已，自己的身體馬上又返回原來的模樣……到了這個境界，帝釋天才滿意地顯現出他真實的天身……。

破除能所顯真心

前面有談到四川海明禪師開悟的例子，他從聽了慧然法師講的《楞嚴經》，一直到了七處徵心突然有所省悟，回頭請教慧然，慧然無法使其化解心中疑團，因為這個因緣他到處參訪善知識，都是當時重要的名宿，最終到了黃梅破頭山決定築茅續參，並且誓言說：「若不開悟，絕不出山。」

他曾經給自己剋期求證的時限，那個時候更下猛心，對自己說：「如果沒有辦法開悟，生命在此了結。」

當時的海明禪師志在開悟，當時他二六時中打坐佇立在萬丈之巔的懸崖峭壁上努力地提撕，從早晨曙光乍現參究到下午幾近黃昏，猛地裡渾然之中海明禪師進入了人我雙亡的境界，當時他看到的境界是一切天地之間都是平坦無缺的，於是，他就信步往前，沒想到剎那間直落山下，還好只摔傷了一腿，劇痛之餘，這時他心中有了省悟，一直持續到隔日早晨，海明禪師狀如發瘋大聲不斷地吶喊著：「屈！屈！」

同一時間有一位在家人靠近海明禪師好心地問：「師父，你的腳痛不痛啊？」

海明禪師毫不客氣地對這位居士講：「這個不是你能理解的境界。」

在海明禪師承侍圓悟禪師的那段時間，有一天，海明禪師要求圓悟禪師印證，於是，叩門進入方丈室，當時的圓悟禪師只是專注一心在室內禪坐，海明當時所問的是：「正恁麼時如何？」這就如同《六祖壇經》裡面有一段，六祖悟性之後，黃梅囑他速走，但此時惠明早已在後，這惠明啊在沒有出家以前，本身是個練家子功夫了得，曾在旅軍之中幹過將軍，由於腿功不是一般，因此，很快就追趕到惠能大師，惠能大師不慌不忙，心裡想：「最後追的這些人，多半是為了我身上所付衣缽而來，我暫且不管先休歇一會兒看看他要做什麼？」

所以惠能大師就把背在身上的信物放在一塊巨石之上，而惠能大師就側身隱藏觀看結果，追趕在後的惠明氣喘吁吁地一路追上來，到現場看到心目中所要奪取之物，心裡想著：「只要奪得石頭上的信物，自己便是祖師了，但是沒想到，原本以為如囊中之物信手可得的衣缽，在此時卻有如千斤萬鼎一般動彈不得，怎麼拿都拿不動，弄得一身功力的惠明法師滿頭大汗，衣裳盡透，費了好一會兒工夫，這惠明才恍如睡夢中乍醒一般，他心裡明白衣缽這事非一般人可得，心裡於是產生慚愧悔悟的念頭，當下才講出心裡的話。他對在一旁原本隱身一側的惠能大師很虔誠地說：「我是為了求法而來，不是為了衣缽。」

六祖大師見惠明誠意殷殷，於是也很直白地告訴惠明說：「既然你是為了法來找我，那麼我就為你說一段開示。」

當時惠能大師對他講的是「不思善，不思惡」這個段落，關於這幾個字又是什麼意思呢？原來我們眾生都是受到無明的牽引，所以如同暗室裡面的瞎子，本來就沒有智慧，這下子就更看不清楚，原因就是在於眾生有分別心，這分別妄念如果變成是一個習氣，那你的障礙就會不斷地追隨你一輩子。所謂的

「不思善，不思惡」，就是要我們離開一切的分別心，沒有分別心就是遠離能所對待的心，假使沒有辦法直接走入絕對理地的境界，那最起碼要先做到對於人世間一切的美和醜、善與惡，對我們的心也不會產生干擾。遠離這些的好處，這話聽起來好像沒有太特別之處，但這卻是惠能大師他的看家絕活，這句話白話一點講就是告訴我們，要先做到「無念」。什麼叫做「無念」？在六根六塵相對，對於見、聞、覺、知上面不起分別對立，基於「無心何妨」的理念之下，一切萬法自然無所障礙，當時惠能大師告示惠明法師的就只有一個重點，他告訴惠明說：「你在任何的境界之下不要生起任何的念頭，好的你不管它，壞的你也不要去想它，保持安定在這種狀態之中。」當時惠能教惠明的其實也沒有任何繁雜的儀軌或字句，就這麼簡單，叫他內心裡面不要竄起任何的一絲連漪就如此安然而住就可以了。惠明法師就如此一般地真正的做到了內心絲毫不動念狀態，當六祖看到他真的可以長時間安住的時候，他知道這個時候可以根據他的根性而給他進一步的法門。我們這裡要注意的是「良久」，良久不是片刻，也不是短時間，而是在一定範圍之內的長時間，這個是一個重點。另外一個重點是當時惠明法師的念頭就如同完全靜止的湖水一般，那是如何的一種境界啊！這個境界勉強來講是屬於奢摩他的境界，這個境界屬於止觀雙運的「止」，也就是可以使人因為打坐靜止到專注時，讓自己的心靈獲得禪定的一種方法，也是古代修禪靜止的入門基石。但是光是這樣子的一種境界，我們也未必可以容易的達到，這個「止」有多種意思，除了寂靜，同時它還有息滅、轉化和調伏的多重意思。心要調伏並非一味地用壓抑或強迫性地令它不起心念便可以做到，如果方法使用不得當反而容易產生諸多的弊端，因此在過去的禪堂，打七期間很多禪師因為用功過度使得心意識極度的壓迫之下而吐血或精神異常是經常有的事，所以如何去調伏和轉化煩惱，這就要功夫了。一般人很容易因為不能活用見聞覺知，六根六塵互動而產生無邊的煩惱。所以《楞嚴經》開頭所說的到處都是在顯示佛陀的慈悲，透過佛和阿難問答之間所顯現出來的「七處徵心」之妙法，初時阿難雖然因為仰慕佛陀愛慕佛陀而出家，阿難一直以來雖然有博聞強記的優點，可是對於真正的實修和禪定卻一點也沒有實際功用處，才會導致受到摩登伽女幻術的誘惑差點破壞了純真的戒體。佛陀透過善巧因緣的安排，在這次的事件中說出了人性的一個重點，也就是所有的一切眾生從無始以來的生死輪迴之中，為何沒有辦法了生脫死、脫離六道的輪迴之苦，並且不斷分段生死的受生？最重要的原因就是在於無法真正地了知，吾人一直以來所不了解每個人本自俱足皆有的妙如真心，而錯用妄想煩惱離切本真，才會不斷不斷地墮入輪迴的網羅裡面無法超拔。所以佛陀在《楞嚴經》前面告訴阿難的，善巧地用了七次如何辨識真心的方法，目的也是為了要破除阿難的妄想分別，顯示真正的真心所在，但是在這過程當中，阿難每一次的答案都還是遭受到佛陀的否認，不管他所給的答案是在身體裡面，或者是身體外面，或者是因為眼睛的關係……所有的答案全部都遭受到佛的駁斥，佛為什麼那麼嚴格直接地駁斥阿難呢？是因為阿難至始至終千迴萬轉的掌握不了我們自己早已俱足的妙明真心，而且是充滿在十方法界之中，它哪裡有被限制住在特定的一個對境，或固定的地方？這完全是我們眾生受到了分別影事的干擾，一下子被蒙蔽住，遮蔽了明亮的心眼，如同眼翳一般無法辨識。佛陀老婆心切地用了七種方法，目的就是要阿難可以真正地看到心其實不在內、不在外，也不在眼睛所看之物，直接破除他所自以為是的能所相對。阿難很恭敬地禮佛後，拿一個比喻在一個暗室裡面點燈來請問佛陀，佛陀告訴阿難說：「如果我們本覺的心真的是在身體以外，那按理說心就是心，身體就是身體才是啊！心如果了知，身體就應該不會有感覺；同樣地，身體如果有感覺，心應該也要感受不到啊？」

所以佛問阿難：「你現在看到我的手，當你用你的眼睛看到我的手的時候，你的心裡會不會有不一樣的分別想？」

阿難就回答佛陀說：「是啊！」

佛接著講：「你既然回答說身心是一起的，那你怎麼又可以說內在的心是在身體的外面呢？」

當阿難被佛陀質疑問到這個問題的時候，佛陀在他另外一個疑問上面告訴他：「阿難！你的心如果像玻璃一樣，你應該可以看山、看海、看物，還有一切的山河大地，但是為什麼你卻自己反而看不到自己的眼睛？如果你真的可以看到自己的眼睛，那這個時候眼睛就會變成了心去分別所知所見的所在，就無法讓心結合變成知見，如果不能看到眼睛，那請問又怎麼樣可以說了解心是隱藏在眼睛裡面呢？就如同和玻璃相合一樣？」

這是佛第三次駁斥阿難的主要內容，接著，阿難又用明和暗做比喻。阿難當時是用眼睛的開合來請問佛陀，大意的重點是，打開眼睛的時候，所看到的一切光線叫做見外，當眼睛再度閉上的時候，眼睛看到的是一片漆黑，這個叫做見內。佛就問阿難：「當你閉上眼睛所看到的黑暗，這個暗沉沉的境界跟你的眼睛有相應嗎？如果說和眼睛有對應到，那這裡的暗照理講就在眼睛前面，怎麼可以說成是在內部呢？那如果和眼睛不是相對應的，又怎麼可以把它說成是見呢？」

這個又是佛陀再度對阿難所提出來的第四種的質問。接下來，阿難被佛問到，心一旦不是在黑暗裡面，那心如果隨著心的和合之處等等的問題，主要是佛要阿難明白，如果心本身是有自體的，那我們用手觸碰自己身體的時候，這個可以知道的心到底是從身體的裡面所產生出來？還是從身體的外面進入你的內心？如果是由內而外應該會先看到身體裡面，如果是從外而內，那應該就會自己很清楚地先看到自己的容貌……。

佛陀接二連三毫無停歇地提出一連串的疑問來詢問阿難。接著佛陀又提出了第六個問題，目的是要讓阿難早點看到自己的真心，後來，阿難又提問我們的心到底是否在六根六塵的中間，是嗎？

從以上的這些問題，佛不斷地用各式各樣的方法讓阿難去「揣測」自己的心性，為什麼用「揣測」這個字眼？因為那個時候的阿難還沒有真正地發明心性，看不到自己的真心，因此只能從佛陀給他的問題中大概地去思考。可是，屢猜屢錯，並且幾乎他所提出來的答案，最後都被佛一一駁斥到詞窮語塞，當時的阿難應該心裡很沮喪吧！包含阿難在最後請問：「心如果沒有在裡面，也沒有在外面，也不是在中間，又提到一切無著才叫做心？」

這個時候佛就再問阿難：「如果像你所說的，不住著在名相上就是心之所在，那譬如整個虛空，或者是水上，或者是平地裡，所存在的一切的物質世界，你的心可以不執著在這上面，但是，這些物質以及一切的所有相，它明明都是存在的啊！如果你硬要說它沒有，就好比是烏龜的上面沒有毛，兔子的頭上沒有角，這個本來都是不存在的東西，何必去執著著什麼呢？如果說有心但不去住著，這個不著其實已經著了，又不能說它是沒有住著啊！心中如果真的是無相，那應該是沒有一切物質世界才對，心如果不是無相，那就是有相囉，那既然是有相，就必定有所在之處，既然是有所在之處，那又怎麼可以說是無住無著呢？所以用不著於一切處，要把它定名為能知、能覺、能分別，這個心還不是我們所講的心啊……」

《楞嚴經》佛安排了這一段七處徵心的案例，目的就是要提醒學佛修行千萬不要對我們的執著、分別而頭上安頭，更平添了諸多的煩惱和障礙。眾生之所以有那麼多的業力，也就是過度地執著於自己的身見，沒有辦法發明看見一切萬事萬物皆是來自於自性，不能明瞭「心生即種種法生」，所以一再地被自己的無明所遮蔽，沒有辦法放下執著，當然就會輪迴於生死大海之中。因此，在學習佛法的過程當中，佛陀的法教所開演的八萬四千，其中最根本都是要眾生從懺悔業障開始，我們從禮佛拜懺事相上已經清清楚楚地讓我們了解，在合掌禮拜的過程中，在翻掌下禮的動作中清楚明白地就是要我們放下對身心的執著跟罣礙，雙掌落地壓伏自己內心時刻生起變化的貪、瞋、癡，五體投地也就是要我們學習在放下身見的同時，要把一切眾生都看成是佛菩薩一般地恭敬，慢慢有次第性的從頂禮諸佛、禮敬諸佛、讚嘆諸佛……開始，其目的是在提醒我們學佛修行，從拜佛當中體會到了每一尊佛祂的佛號，原來也都是演化我們眾生所具有的習性。古往今來多少修行人在禮拜懺悔的過程中，有時因為持誦某一尊佛號而證悟見性，這種例子實在太多。我們現在生在末法，上根上器的眾生本來就少，沒有辦法如同佛陀在世時任何一會的開演妙音，就能化育出無數的開悟見性的種子。今時的我們業障深重，無明遮蓋了每一個眾生的心眼，因此認賊作父，沒有辦法真正做到在六根互動的狀態下，心仍然可以如同明鏡高懸一般徹照天地，一覽無遺，因此佛陀在《楞嚴經》的初期和阿難的一唱一和，便是對於末法眾生最具體實在的法寶。但是往往我們很容易自己誤導自己，認為學佛便是在形式表面上，我們一般所看到的誦經、禪坐、禮佛、拜懺和一頭鑽進儀軌法本當中，但對於內心所有的一切煩惱卻不知道要用什麼樣的法門才能對治，許多人學佛依賴善知識和道場，這種執著所產生的煩惱遠遠超過了我們對自我身體的執著。其實，斷除眾生根本煩惱的處所並非遠在深山的古剎，更不是高居法座上面的成就者，真實可以斷除我們煩惱最重要的道場就是在你的煩惱上，心不能有所分別，也無須撿擇善惡，要知道我們一切眾生的根本道場其實就在我們每一個人的根本煩惱上，不要選擇避開煩惱，相反的你反而改變成真正的願意去和煩惱相約，才能確定能否取得如何可以轉化消除煩惱的鑰匙。那麼我們如何確實了知學習佛法的目的不是為了讓自己更能夠承受逆境，也絕非讓自己遠離痛苦？實際上，大多數的人無法體會修行的開端緣始於修行人本自俱足的痛苦上面，痛苦根本不需要尋找，一出娘胎本自俱足，它就是自身的靈魂送給現世的自己最好的緣起禮物。要頂禮痛苦，把面對痛苦看成是成長和轉識成智最重要的良師益友，世間沒有什麼比得上善待痛苦更好的慈悲，真正的慈悲是要把製造煩惱根源的習氣想方設法給予關注與引導，真正的布施是要把自己的貪、瞋、癡確實地放下，從知足、簡約、謙卑、刻苦、精進的態度上去訓練禪定的喜悅，從困苦的道路中一路走來，充滿了喜樂。

一般人在解讀《楞嚴經》不會把七處徵心、八還辨見，看成是我們在日常生活當中眾生最容易忘忽之處，理由是因為分不清楚客跟主之間。大多數的人都會把不確定的、動搖的當做是塵，塵就是一切所有的外境，涵蓋實在十分地廣大，佛教把它歸納為「六塵」，所謂色、聲、香、味、觸、法，但是佛陀的智慧卻把這一切的相對用極簡單的能和所、根與塵，全部把它歸納到見聞覺知裡面，而且佛用很簡單的動作就可以馬上讓眾生了解心之所在。佛在這上面對大家有所說明過，譬如說佛起初在所有的與會大眾中刻意用祂的手一張一合的動作，用這個動作來問阿難他看到了什麼？佛用這個來提示能所、動、靜、明與暗，如此的善巧，如此的方便，一下子就是要讓阿難體會了解到能動的和能看的究竟為何？過程中佛放光，光忽焉在左又忽焉在右，阿難為了要追尋光線的來源自然會擺動他的頭部，佛就追著不放問阿難說：「現在你的頭可以左右搖擺，我想請問你這個動作是怎麼樣做到的？」佛其實是要逼阿難看看能不能找到答案，阿難怎麼回答？

阿難還是沒有辦法直接回答，他只是說：「我因為看到佛一下子把光放射到我的左邊，一下子又把光轉移到我的右邊，當然我的眼睛自然地就會朝著有光的地方去看，因為這樣子頭自然就會跟著擺動啊！」

佛進一步導引他說：「那我再問你，你這個一下子往左邊擺動，一下子往右邊擺動，到底是你的頭在動呢？還是你自性能見的性在動？」

阿難這會兒才把佛所要知道的答案引出來，阿難當時回答的是：「我的頭很本然地就會擺動，我的能見的性也正追著忽左忽右變化的光線在移動，但是，這兩者之中我實在弄不明白還有個什麼東西在擺動。」

佛就是要這個答案，所以佛說啊：「如是！如是！」

佛就跟大家講：「大多數的人都會把會動的稱之為塵，用停不下來的叫做客，我們看阿難雖然他的頭很自然地會左右搖擺，可是，能見的性卻從來沒有動過，好比你們看我的手，你們所有的人都有看到這個過程之中，我做的動作有開跟合，但是，你們想想你們的能見的性，它到底有沒有打開跟收起來？舒展和開合？這個道理很簡單，可是為什麼大家反而會認為那個動的其實是自身，動搖的現象到底是不是自己的實境啊？從頭到尾任何一個時間確定好那個念念一直在變動的無住的意念生起滅了，再度生起，看成是自己的心遺失了真心的本體，錯過顛倒，使得真性失卻了它的真實性，反過來還以為外塵外境，宇宙萬物，所有的一切變化的現象都是來自於自己，所以在心理和生理這兩方面一直執著著出不來，踩著踏到了誤區。」

這個時候，與會大眾中也在現場的波斯匿王，在這個時間裡，他很恭敬地站起來請示佛，他說啊：「佛啊！我從前曾經聽迦旃延以及毗羅胝子他們曾經對我說過，我們身上的這個肉體隨著我們身體的功能失去，往生那一刻開始，就徹底地滅亡了，不復再有了，這種情形就叫做不生不滅的境界，但是呢，我現在又聽佛如此地說，我的心中現在充滿了疑惑，不知道佛是不是可以為我講授清楚應該怎麼樣去確定和證明佛所說的真心自性確確實實是可以不生不滅的？」

現在起身正在恭敬請示佛陀的波斯匿王，在佛教史上也是非常赫赫有名，比較耳熟能詳的是大家都聽過的波斯匿王因為和佛陀有著生生世世的關係，所以有關他跟佛陀互動的故事就相當地多。例如佛一度在舍衛國祇樹給孤獨園這個地方講經說法的時候，一天晚上波斯匿王睡得很不安穩，做了夢，而且是連環夢，這些夢讓波斯匿王非常地害怕、緊張與不安，而且裡面的內容都是暗示他的國家恐怕很快就會滅亡，這一夜之間惡夢連連，讓他一早便馬上召集所有國家的大臣，尤其是懂得為他說明夢境的婆羅門。這批人聽了波斯匿王的夢境以後，第一個回答的就是婆羅門，可是因為夢境實在不好，使得這個婆羅門很遲疑到底要不要對波斯匿王講真話？波斯匿王看出了他的心事，就跟他說：「你不要有所顧慮，你有什麼事儘管講。」

婆羅門終於藏不住話鼓起勇氣直接了當地告訴波斯匿王說：「如果這個惡夢是真實的，這表示大王、王妃還有太子們全部都會死亡。」

波斯匿王聽了以後當然是很驚恐，隨即問在場的國家重要人士：「各位，如果根據大家的想法，如果舉辦幾場法會消災祈福，是不是就可以避免掉這場橫難啊？」

婆羅門接著回答了波斯匿王這個問題：「可以是可以，可是首先要先殺掉太子，還有王后、妃子和隨侍在旁的侍從跟下人，還有重要的大臣。同時要把所有使用的臥具、收藏的奇珍寶物全部都要焚毀燒盡，用來供養天神，如果可以如此才可以保得住國王和境內一切百姓的安危。」

這國王一聽不得了，就更加地焦慮和憂愁，一時之中對於身邊的事物生起了極大的厭煩心，遣除了所有的眾人，一時之間也不知如何是好。這個時候他的太太本身是非常相信佛陀的弟子，她對於國王夜夢的事情非常地重視，於是國王就把來龍去脈再次向王后說明清楚，國王把晚上所夢見的十種不吉祥的夢很仔細地再次說給他的夫人聽。這裡面的內容大概是這樣子，國王說：「剛開始我夢到了在夢中憑空出現了三口非常巨大的鐵鍋排成一排，在中間的那個鐵鍋空盪盪的什麼都沒有，奇怪的是在它兩邊的鐵鍋充滿了沸氣，但是這個氣卻沒辦法流進空鍋裡邊，再來還有一件事情，我夢到了宮中飼養的馬，牠們在吃東西進到牠們嘴巴的不是只有馬嘴而已，這會兒連馬的屁股也可以大量地進食。接著我又夢到了所有宮中大樹上面突然之間都冒出了花，但是所有的果實卻都集結在附近的小樹上面，後來又夢到了有一個人他手裡牽挽著韁索，在他的背後有一頭小羊，可是十分奇異的是這個主人竟然吃起了繩索。還有在夢境裡面，也看到了不知道從何處跑來的一隻狐狸，牠坐在我的黃金所做的床墊上拚命地使用我的黃金器皿在喝飲著食物，緊接著我又看到了有一頭較大的牛反過來牠卻在向一隻小牛吸取牠的奶汁，還有夢到有一大堆的黑牛不知道何故，從四面八方全部奔騰而至，牠們彼此互相咆哮憤怒著準備要爭鬥起來，可是就在牠們全部即將要會合的時刻裡，一剎那之間，在夢境中卻再也看不到這群牛。最莫名奇妙的是，我夢到了王宮裡大池塘裡面的水呈現出來的是中間極度地混濁，可是水池四個角落卻呈現出極為清澈乾淨的水，最後從一大片的溪流裡邊混合著赤紅色的波濤極為駭人……王后啊！這就是我昨天夜晚從睡夢中驚醒過來的十件惡夢，我醒過來以後心裡十分地恐怖和不安，我認為我擔心這會不會國家將滅的預兆？所以我一大早就緊急和宮中各部會的首長、大臣、官員召開緊急大會，在這群開會的人當中，婆羅門告訴我要解決這件事情唯一的辦法就是把國內所有的王宮大臣上下左右一切相關聯的包含太子、王后跟妃子全部都要犧牲掉，恭敬地供養天神才可以消弭這次的大難，所以這件事情令我困擾得不得了。」

王后聽完了整個過程之後，她對國王說：「王啊！你不用擔憂，你就把它當成有人買了一塊金塊用火去冶煉它，接著又在石頭上面磨擦，不用多久真正的黃金和渣碎馬上就可以分得清楚。現在有個好消息，是偉大的佛現在剛好在祇洹精舍傳法開示，國王不如去佛駐錫的地方平心靜氣地把過程向佛稟告，佛是大智慧者，祂一定有辦法為大王開示解決之道，你何必隨意地聽一個婆羅門信口胡謅的一段話，像拿著石頭砸自己的腳般折磨痛苦自己呢？趕緊去找佛，一定會有圓滿解決之道的。」

這個時候的波斯匿王有如大夢乍醒一般心裡在想：「對啊！我怎麼沒有想到！」突然之間心裡面好像吃了一顆定心丸安定了許多，接著立馬準備好左右隨從仗起身去敬謁佛陀。根據史料記載光是當時一起連同隨往的人數無法計算，一路上從舍衛城通往祇洹精舍，到達之後，波斯匿王在一段距離之處，態度極為恭敬地亦步亦趨低身膝屈地往佛陀安住處步行，見佛以後頂禮如儀急忙地向佛報告夜夢之事，波斯匿王說：「佛啊！昨天夜晚我夢到了非常不吉祥的十種夢魘，希望佛陀您可以慈悲憐愍我，為我解答心中的疑問……」接著，波斯匿王就把他所經歷的睡夢中種種的景象報告給佛陀聽。

世尊開解十夢兆

佛陀聽完了波斯匿王的敘述之後就回答：「國王啊！我聽了你跟我所描述的夢境，這個是對未來的局勢所顯示的預兆，表示未來的國民對於一切的違法亂紀是從來都不會遵守的，國中的人民不論男、女多半充滿了淫欲之心，縱慾多妻，人與人間互相猜忌，由於無明製造不少業力，心中皆不知有慚愧之心，到處充滿了奸險邪見，為了利益的阿諛諂媚之徒，使得社會國家的秩序完全不受控制，混亂異常。至於你所夢的第一件事情，那是表示後代的子民不懂得供養之心，對於孝道觀念完全不存在，對於社會中貧困之人毫無布施之心，家中伯仲兄弟之間關係淡薄，厚外薄內、勢利、唯利是圖……第二件事情所顯示的是，表示大王以下的王公貴臣除了領取國家的俸祿以外，平時也想盡一切辦法從人民當中吸取民脂民膏、強徵斂稅，利用權勢侵擾人心，不顧國家安寧……

所夢到的第三件事情的象徵，未來後代的子民經常會為了戰爭，憂慮恐怖常受徵召，所以大多數人年過三十，鬚髮皆已全白；第四件事，小樹上面開出果實，這是象徵著未來的年輕人未婚生子，年紀輕輕罔顧廉恥之心……第五件事，暗指著未來的後代男女彼此相對皆不忠誠，妻子背叛丈夫與人私通款曲，但所用、所享卻都源自於夫家，心中卻不以為意，即便丈夫知情也毫不在意。所夢到的第六件事，暗指著未來主從顛倒，原本下賤種姓反而享受豐衣美食，貴族高門卻反受驅使，賢者為人奴隸，從事微卑。夢事第七，所表達的是將來後代無論為人父母者，不顧禮法任意地為自己的女兒與人說媒，開放外姓男子與自家女兒暗室同房，母親守於門外，以此方式搏得財資，在一旁的父親即便心中為女兒抱屈，反而外表上卻要裝聾作啞……。

「再根據波斯匿王夢到的第八件事的內容來看，將是代表未來整個國家將會變成君不君、臣不臣的局面，所有的全國上下無論是官員或者是平民百姓未來將會呈現出情緒不穩定的狀態，人與人間長期由於疑心不信任而導致內心極為不暢快，會有大聲吼叫，或者有些人所要面對的是自己無明自私，在這些人當中完全對於王法向來不擔心也不害怕，大家都充滿了貪欲和縱慾的觀念，所娶之妻、所生之子，淫欲驕奢，充滿了貪欲之心不會滿足。至於所謂忠孝節義向來不顧，人性轉為陰險狡詐，為了達到目的不擇手段，整個國家充滿了腐敗，四時不順，災難四起，連那個時候的大自然中任何地方都因為如此整個環境生態徹底地混亂，一切的農作物根本看不到豐收的果實，因為不知數的蝗蟲過境禾苗盡毀不存……所謂上梁不正，下梁傾斜，農作物五穀同時不可能長成與豐收，這是因為當時的主政者及普天之下的子民皆倒行逆施、無顧綱常，不能持善修戒，不知禮敬天地，無法不造惡業，不知信守禮義廉恥、培養慈悲心無須動怒發瞋……所夢到的第九件事，象徵著未來的人將是做為臣子的不知忠君事主，所應遵守的一切倫理和道德將會呈現君不君、臣不臣、子不子、夫不夫和妻不妻。如此的局面，當子女的，所展現出來的孝道卻是為了未來謀取祖上的錢財所做的戲碼，不懂得頤養父母，不顧人情義理……但是，反而那些個在邊區的國家卻能夠敬守忠君孝親，尊敬老者賢達之士，在平常他們就相信佛法，懂得供養三寶，精通一切佛典，精進修持，無時無刻都在思惟上報下濟的重要性……至於國王你所夢到的第十件事情，這是象徵著未來不同國家的領導者都想擴展自己的國土，所以戰爭經常發生到處皆可看到殺戮的場面，導致生靈塗炭，在所有的洪溪當中充滿著因為戰爭殺戮、血流成河，渲染所形成的大片鮮血色的光暈……」

釋迦牟尼佛為波斯匿王解答了他的十個夢兆之後，祂告訴波斯匿王說：「現在大王所做的夢，夢境中一切的情景等於是向娑婆世界的後世人明白地做出預警，表示未來的世界將要發生的種種現象。」佛特別為了夢兆做出了提醒，如果未來的人在心中可以做到禮敬三寶、受持五戒十善、供養真正為了尋求解脫不斷地弘法利生的修行人，那麼這些眾生在他們往生之後靈魂必定通往善處；反之，不能行善，日常之中身口意造作殺、盜、淫、妄、酒，行使十惡，人與人間不守綱常，為了利益不斷地姦淫侵害善良……如此之徒，往生時必然直墮三惡道毫無疑問。

這段真實的故事，只要去讀過《阿含經》的人必定都看過。這時候的波斯匿王見到了佛陀，並且聽聞佛陀的智慧之語，原本從憂煩不安的心態中立即轉為因佛陀的法音產生的定與慧，霎時間消弭了心中一切的恐怖和焦慮，欣喜異常，立刻用最恭敬的禮敬對佛表示他的尊敬與信解，並且宣布了當時是王妃身分的摩利夫人所展現出來的睿智與賢慧，擢升她為皇后之尊；也由於佛陀的教誨，波斯匿王從此之後經常對國中的子民常行布施，一時之間國泰民安、人民富饒，對於那些謀取私益不為國家民眾謀取福利的王公貴冑收回他們的權限，至於婆羅門也減少降低了不應該享有的俸祿，違法亂紀的大臣就給予放逐驅離永遠不得返回國門，同時在全國上下努力地推廣佛法……。

提婆善妒忘恩義

說起這個波斯匿王，他和他的王妃摩利夫人生了一個小孩叫做毘琉璃，摩利夫人和釋迦牟尼佛的種族是有關係的，過去的釋迦族始終覺得自己的血統異常地高貴，所以是不允許和外族通婚的。釋迦族以釋迦牟尼佛為代表的上一代其實就出了不少佛經上面重要的人物，先從釋迦牟尼佛淨飯王這代他們就有四個兄弟，分別是淨飯王、白飯王、斛飯王和甘露飯王。淨飯王所生的兒子裡面，一個就是釋迦牟尼，還有就是難陀，佛的親弟弟也叫做孫陀羅難陀，只不過他是淨飯王與另外一位夫人波闍波提夫人所生，所以講起來應該是屬於同父異母。一般人很容易誤解有時候會把阿難當做是這位難陀，但其實阿難是淨飯王的兄弟白飯王所生之子。阿難另外還有一個親兄弟便是赫赫有名的提婆達多，這提婆達多和佛陀雖然是堂兄弟，但是一輩子都想盡辦法要傷害佛陀，這種例子非常地多，有時候甚至於連佛生病不舒服他也要藉機施計。有一次，釋迦牟尼佛正在耆闍崛山弘法的時候，感染了風疾，當時醫生所配的藥方總共只用了三十二種的藥材，醫生請佛陀每天所使用的藥量必須要服用到三十二兩，提婆達多知道了這件事情心中便非常地不服氣，他也想找這個醫師配跟佛一樣的藥。總之，佛陀所享有的，提婆達多也想插上一腳，想要和佛陀別苗頭，現在連吃個藥提婆達多都有意見，他也想跟佛一樣配副藥吃而且藥量也要一樣。當時他找到了宮中的御醫要求所配製的藥品都要和佛一樣，醫生看完以後指示每天都要吃，但是只要四兩就可以，提婆達多當場就問御醫：「悉達多所服用的藥量是多少？」

御醫就告訴提婆達多：「佛陀每天所要服用的劑量是需要用到三十二兩之多。」

提婆達多聽了之後不服氣地說：「我也要服用三十二兩才行。」

御醫當場告訴他說：「人命關天不可以開玩笑，而且每個人體質也大不相同，佛吃這樣的劑量剛剛好，但是如果是你，對你的病情不但無效，而且還會帶來嚴重的後果。」

沒想到提婆達多卻傲慢囂張地說：「你不用管，我自己吃藥，我自然就可以讓藥沒有障礙，自然就會消融掉，我的色身跟佛也沒有什麼不一樣，你儘管把他一樣的藥給我吃。」

那位御醫因為身分的關係，他也不想私下處理，那只好為提婆達多製作了和釋迦牟尼佛一樣的藥劑。提婆達多拿到藥以後真的如御醫所說，藥力循環不斷地在他的體內妄行亂竄直到體力不支，痛苦充滿了全身，到最後四肢除了瘦痛以外，躺在床榻上痛苦呻吟不已。雖然如此，釋迦牟尼佛內心還是生起了慈悲心非常地哀愍他，祂還幫提婆達多加持，希望藉由佛力解除他的病痛，果然，提婆達多的病立即就恢復了正常。沒想到提婆達多不領情，還反過來諷刺調侃佛陀說：「悉達多啊！你用了那麼多的把戲，但是世上的人也無法接受，所以你現在還刻意去學習醫術，你的目的只不過換湯不換藥吧！」

這個時候剛好阿難等也都在佛陀的旁邊，尤其是阿難聽了自己的兄弟講出了這麼不應該的話，心裡非常地不舒服，阿難就代替提婆達多跪在佛的面前，阿難對佛說：「這個提婆達多實在是非常地忘恩負義，佛這麼慈悲地幫助他，希望可以幫他消除病痛，沒想到他不但沒有感恩佛陀的恩典，如今還講出那麼多無中生有的話，這到底是怎樣的一種心態啊？還是因為他夜以繼日對佛陀您一直以來所做的種種惡行、瞋恨和嫉妒，而長養出來的強大業力……」

從這段佛經上所記載的事實，這也不過是曾經發生過的其中一個例子而已，當然還有數說不盡的關於提婆達多對於佛陀大不敬的事實。提婆達多就是前面所說的白飯王的親生兒子，阿難的親生兄弟，但是兩個人完全是不同的習氣跟遭遇，一個是對佛百分百地景仰和恭敬，一個是即便馬上要下地獄了，對佛陀仍然有瞋恨心和因為嫉妒產生的敵意，這也說明了人與人之間所有的因緣皆來自於因果不虛。這故事來自於毘琉璃王因為年少時被侮辱的一段往事，勾起了想要消滅釋迦族的動機，幾次大舉起兵討伐的路途中都遭受到釋迦牟尼佛的出現而中途折回，但最終還是抵不過因果業力的牽引。當毘琉璃攻破迦毗羅衛城，進城後毘琉璃王的軍隊到處姦淫虜掠殘殺百姓幾乎整城族人將要被消滅，在那個時刻裡摩訶男還算是一位愛民的君王，他跟毘琉璃王談條件，大意是講他願意自己自動投身於水中，閉氣自溺，但是他希望毘琉璃王可以答應他，在他閉氣沒有浮出水面的過程中，只要是他的族人要逃離的，請毘琉璃王可以慈悲地放過他們，後來毘琉璃王接受提議而答應他……。摩訶男更是言出必行頗有古國君主的風範，關於摩訶男這般為了避免生靈塗炭，讓人間淨土重現的事蹟是值得讚嘆的。甘露王這一世也生了兩個兒子，這兩個兒子後來也都跟著佛陀出家，所以我們看整個釋迦族這麼大的一個貴族幾乎全都出了家，這也是非常不可思議的現象。

關於釋迦牟尼佛的這位叔叔甘露飯王，他娶的是印度當時天臂城首領的兩個女兒。可是，在不同的經典裡面有描述到兩人所生的子女到底有幾個人，似乎都略有不同，有的經上說甘露飯王生有二子一女，男的就是阿難陀跟提婆達多，女兒就是細嚩羅，也有些經論所說是摩訶男和阿泥盧豆……。

釋迦牟尼佛的家族裡面還有一個堂弟後來也跟隨佛陀出家，他的名字叫做跋提，關於他出家的因緣和佛陀十大弟子之一的阿那律有關。阿那律對於人世間的八法從小就極為敏感，從他年少時期開始從來就未曾中斷過在他的心中一直存在著一個理想和目標，那就是跟著佛陀好好地修行。可是呢，他的母親聽說他要出家，心裡產生很大的困擾，因為他的母親想破了頭用盡了種種的方法，可是始終不能成功，但是阿那律出家的念頭反而更加地強烈，那怎麼辦呢？他的母親就想出了一個方法，先暫時讓他不要輕舉妄動，同時一方面也積極用其他的善巧延長他出家的時間，但是因為這樣子的理由，造成了他無法順利出家。在那段時間裡唯一能夠引導轉化他的也只有佛陀，這件事情對於有心想要改變的眾生來講，其實都是不容易的，但是阿那律他非常地在意，一個修行人如果脫離了世間八法，那才是真正的清淨，問題是他的母親太過於寵愛他，說怎麼樣也不允許他出家。於是，他的母親就告訴他：「如果跋提他準備要出家，我就可以同意你們一起出家。」

阿那律聽到了這個訊息以後，他馬上就去尋找各式各樣的方法，要說服跋提一同出家，他母親最後忍不住了也只能隨喜他出家。只是跋提的母親有一次很慎重其事地對他講：「假如阿那律的母妃可以讓他出家，我也可以不再為難你，我同意你出家。」

當阿那律去找跋提談論到有關於出家的這件事時，剛開始拔提並沒有任何想出家的想法，是經由阿那律耗盡心思，用盡了種種說服的理由，他才勉強答應，跋提他雖然知道在這個充滿五欲的世界裡，心一直都會受到影響跟誘惑，所以阿那律和跋提他們所處的年代其實已經存在著五毒熾盛的環境，也就是說，他愈想精進守護好戒律，但是內心中卻又發現，這個世界上有些人雖然出家的意志很堅定，但是有時卻無法抵擋得了外境的干擾，關於這點阿那律卻有所不同，因為在當時混亂的大環境中，他仍然可以在一切五毒氾濫的環境中選擇依靠對境而修行，但是很多人對境界卻有著不同的看法，有時候他愈是想要精進持守戒律，卻發現許多眾生最大的問題就在於無法放下人世間的享樂，譬如像跋提，當阿那律跟他提出一起出家的事情，沒想到跋提回應他的竟然是他也想要出家，但是他希望能夠稍緩給他一點時間，大概七年，他想利用這七年好好地再度回味這人世間一切的良辰美景……阿那律當時回答他說：「人生在世一切都是無常，誰知道我們生命的盡頭什麼時候要終止？你應該趕緊覺悟過來，不要被五濁惡世之中庸俗的聲色犬馬所蒙蔽而無法掙脫。」最後兩人互相溝通的結果，跋提原本想要七年以後再出家，最後經由阿那律的勸說減少到剩一年，最後終於達成了協議，七天以後就去出家。

這對釋迦族來說是一件很慎重的大事，因此，幾乎所有的王儲在當天全部都一起參與此次的盛會，畢竟出家是一件很重要的大事。這天王子們滿心歡喜地準備圓頂時所要準備的一切器具，自己也把最華麗的服飾穿戴整齊，大家結伴來到了迦毘羅衛城。為了保持清淨與恭敬，在即將進去城門之前，他們把代表自己身分一身耀眼的衣裳全部褪下，最後連帶一向尾隨不少時日的大象、馬匹和裝嚴華麗的馬車，全部通通給卸下來，除了自己隨身所需的衣物，最後對優波離講：「你辛苦了！優波離，這麼多年來，你一直在服侍，現在我要出家了，眼下這些華麗名貴的衣裳象徵權力地位的坐騎，我全部送給你……」

優波離面對此情此景當然不免內心裡面會有諸多疑惑和愧疚感，再加上身分的不同，讓優波離了解了真正的現實以後，自然而然善根也會發起，那成不成功就要端看自己個人的福報和法緣。優波離心中其實非常地清楚，他心裡想著：「這幾位王子都是出身於富貴不可一世的家庭，連幾位出身尊貴的王子都可以做到捨棄自己讓人欽羨的穿著和所擁有的權貴，我還有什麼理由放不下呢？」

這幾個王子他們很順利地都見到了佛陀，目的是希望佛可以答應為他們剃度，同時讓佛也明白他們的出離心是可以做到某一個境界，因此很感動。這時他們最想做的願望便是禮佛拜懺，因為一段時間在此處受到某些道友的感動，他們的出離心其實是非常堅定，因此使得整個場面變得有一點不太一樣，因為當天剃度的時候，佛陀最先幫忙剃度的竟然是優波離，接著才是阿那律、跋提、難提、金毘羅、難陀這六個人，優波離同時在這一次的受度之後他也成為了上座比丘……。有關於出家之後的跋提，他不顧一切地往來於印度當時的亂葬崗周邊的大樹下，在一次跋提精進靜坐的時候，這過程相當地長，一直靜坐到午夜時分，跋提突然之間在法喜充滿的狀態下狂喜地叫著：「這實在是太令人無法招架的喜悅！」這麼大聲的動靜，自然一旁打坐的比丘當然也知道，所以就有好事者急急忙忙地去對佛陀報告，佛聽聞之後，便差人去找跋提，佛也想了解他的現實生活中是不是也存在著不為人知的困頓？但是佛陀對跋提應該是存在著教導精要的想法，尤其是看到跋提那樣子地高興歡喜，所以應該在末法來講不是容易的事，跋提雖然心中非常地高興，但是，他心裡也想要供養，跋提雙手合掌恭敬地對佛稟告：「佛啊！我在家的時候，雖然也是貴族，而且所住的地方裡裡外外、層層塔塔都有護衛軍陣仗保護著，雖然如此，但是仍然心存恐懼不安。可是自從我跟著佛陀出家，即便一個人私下在墳墓亂葬堆裡禪修，也絲毫沒有任何的錯雜不安的念頭生起。現在，我只是一心一意制心一處，二六時中在充滿禪悅法喜的境界裡，這是一種無法比喻的喜悅啊！」

釋迦牟尼佛聽了跋提的說法以後，就很讚嘆他的想法，於是就稱許他說：

「善男子！太好了，太好了！」

見性楞嚴的核心

前面所述說的釋迦族和波斯匿王，以及波斯匿王跟佛陀之間所存在的因緣，即便用再大的篇幅也無法盡述，但現在我們因為引用《楞嚴經》，在第二卷裡邊再度出現了波斯匿王才引發了前面這段的敘述，但這個不是我們要討論的重點，重點是波斯匿王出現在《楞嚴經》裡面所提出來的問題是我們值此末法的眾生當引以為戒的，這個要點我也反反覆覆在不同的課堂上用不同的生活方式和有緣的同道分享。《楞嚴經》整個的核心和重點，一般人比較不會去注意到的是「見」和「性」，「見」在不同的程度上所說的也有不同的說法，在金剛乘裡邊所說的「見」，我們稱之為大圓滿見，究竟上來說也就是本覺，本覺藏文叫做「里巴」，也有人把它翻譯為本淨，什麼是本來的清淨？這個就是必須證得大圓滿見的人才有辦法解說分明，所有十方一切諸佛所證、所見、所得，法爾如是，真正獲得大圓滿解脫的瑜伽士獲取的就是本自清淨，自無生死，也無涅槃這些葛縢，本來就沒有任何的束縛，究竟要修萬法中的任何一法幹啥？它的本自清淨的「見」，必須真正地了悟沒有束縛、沒有解脫、沒有修持，更無證悟，遠離一切，任運寬坦自在，無功用行，一切都是自生自顯，一切法生起之時便自解脫⋯⋯。

過去民初時期，西康眾所皆知得到大圓滿解脫的自在瑜伽士諾那呼圖克圖，在內地近代幾乎所有的寧瑪派修持者均是他的法系子嗣，例如像屈映光上師、陳健民上師，還有中國內地著名的顯密雙修大居士黃念祖上師⋯⋯屈映光在台灣居住的時間頗久，他曾經是總統府顧問，這已經是西元一九二一年的事情了，他潛修密宗最深入的時間應該是他上海大隱時期，接受了許多大的灌頂，在這之後就受命遷徙台灣，並且專心地在台灣弘揚佛法，有關他的著作及所傳的法本，我的手上幾乎都有保留，目前在世面上也有些譯本流通，例如《新譯薄伽梵智慧到彼岸心經詮釋》、《金剛般若波羅蜜經詮釋》、《佛說觀無量壽經詮釋》、《六十年來之密宗》等等。

這位寧瑪派重要的上師後來被證明是一位轉世的取藏大師，事後他也陸續挖掘了跟蓮師相關著作的伏藏，對於寧瑪法派後世有著卓著的貢獻。諾那上師他是寧瑪派一位成就大師貝雅達賴親近的弟子，後來他也跟隨了許多當代著名的大師獲得他們殊勝的傳承，例如蔣揚欽哲旺波和蔣貢康楚仁波切，在寧瑪派裡面他最重要的是從欽哲旺波處獲得了大圓滿重要的「傑尊寧體」口訣和灌頂，從蔣貢康楚仁波切處也獲得了「仁津登卓」殊勝的灌頂，以及「美那則」的口傳和灌頂……諾那大師是在貝瑪崗這個地方挖掘到不少珍貴蓮花生大士的伏藏品……。

我要講的是這位諾那活佛，在民初時期曾經是中國內地，顯教、密教許多比丘和在家居士的修行者視他為重要的傳承上師。有一次，他被邀請到一處傳法，當時功德主所請的法是希望他可以傳授解脫大圓滿法，當時法會現場人滿為患，萬頭攢動，但是所有現場的弟子們久候多時仍然不見傳法上師登上寶座。於是，請代表央求上師上座傳法，這時諾那上師不徐不急慢慢地登上法座，座下又是一陣苦候，接著，下面的弟子已經有不少人扭動著身軀按摩雙腿，左顧右盼……已經呈現出不耐久坐的現況，這時只見諾那活佛緩緩地睜開雙眼提起手上的戒尺，猛力往法桌上一拍，隨即下座，留下所有雲眾般的弟子面面相覷，完全不知其所以然……接著又是一陣長時間的久坐，眾弟子再派功德主去休息室再度請求大師登壇傳法。這次，大師在座上很莊嚴肅穆地跟大眾講：「各位，每個人都希望獲得解脫生死，當生成就的解脫大法，剛才我已經傳授圓滿，但環視四周沒有半個人有任何的動靜，可見業障福報都有問題，要獲得解脫生死大法必須先淨化無始劫以來的業障，現在萬不得已再傳授各位一大法……」後來，諾那大師所傳授的就是金剛薩埵的百字明咒。

我引這段趣聞主要是諾那活佛其實當時來到漢地也傳了不少的大法，但並非廣傳，而是根據眾生的根器優劣利鈍有所不同，據我手上的法本跟資料便可以了解當時的狀況。因此，密法極為殊勝並非一般芸芸眾生皆適合修求……根據當時曾經跟隨過諾那活佛親近弟子親自說過，這些人在學習密法之前已經跟隨過當代的顯教大和尚習過禪，都有很深厚的顯教基礎，所以活佛對他們所傳授跟答問之間的話語自然不同。據說在會談過程中多次活佛也了解到漢地大約的佛教文化和狀態，尤其是一位老居士和諾那活佛談到了《楞嚴經》，在藏傳的「大藏經」裡面也是有這部經，但是楞嚴咒在藏地被翻譯的廣咒，西藏大部分都認為是大白傘蓋佛母咒，但無論如何，在中土近代許多學者在研究佛經都一再地認為《楞嚴經》是偽經，如果《楞嚴經》是偽經，那為什麼也可以在西藏用藏文偽造？這點應屬不攻自破。

當這些老修行和諾那活佛談到了《楞嚴經》的內容跟核心的時候，諾那活佛擊掌稱妙並且說到：「其實，你們的無上大法在中國早就俱足了，為何要捨近求遠？」

真心遍滿一切處

為什麼我再三地反覆提到《楞嚴經》的第一卷、第二卷？尤其是佛陀的「七處徵心」與「八還辨見」。如果對《楞嚴經》有深入研究的人便會了解，這些都是佛陀的慈悲妙用深入地啟發洞徹無明，以及對於「見」和「性」重要的開示方便的大法。佛自從用咒語護住了阿難的戒體，接著慢慢地用一切的方法問阿難「心」到底在哪裡？阿難時而說眼睛是在外面，但心在裡面，佛輾轉反覆用一切善施令阿難無語以對，一直逼到窮途末路之時仍然用善巧讓阿難連妄想心都無法生起，主要的原因是因為當時的阿難根本還不了解吾人的內心其實存在著真心，這一片真心就是《楞嚴經》的核心，妙明真心的所在。當修行獲得了真心現前便能明瞭所謂的「真心」，它是遍十方一切處，並無所謂的在或者不在的問題，但是我們眾生經常把六塵所對一切產生的分別妄想誤認為這個就是我們每個人心的樣貌，這個就是釋迦牟尼佛藉由阿難所遭受到的摩登伽女法難一事，而所引發出來的緣起妙法，也才有所謂的「七處徵心」如此的善妙之法。因此，心之所謂在內、在外，或者是潛伏在眼睛之所見，接著阿難又被佛駁斥不是在眼根，阿難又以眼睛的開合明暗作想……當然，又是一番的訓示。阿難只能再想，這回又提出了隨合所合，又是不是正確答案，阿難又想到了，那難道是在中間嗎？這個心是不是在六根和六塵裡面？沒想到答案又被否定掉。阿難心急若焚又提出了第七個答案，第七個答案似乎看起來阿難認為自己應該是正確答案，他想心既然不在內，也不在外，也不是在六根和六塵的中央，那是不是無著即是，沒想到這次佛又給他一個大棒子，告訴他這些都是覺知之心沒有任何好處，得不到解脫……《楞嚴經》裡面接著佛再對阿難依所看到的八種境界，到最後讓阿難知道能見之性是不可返還的，這是因為當時的阿難尚不知外境的一切仍然是有生有滅的，因此隨著外塵生起了分別心，佛就曾經為此加強阿難讓他了解到用心和外境種種的比喻讓阿難可以理解真心和妄心差別所在，重點在於外境所顯的一切為何可還，但可見之本性卻無法？佛陀用了八種不一樣的方式來加以說明，讓阿難能夠更進一步地確實了悟……。

學習《楞嚴經》對於現代人來講最重要的是要讓現代人了解到，在生活中為什麼會容易產生那麼多的糾葛？這點在《楞嚴經》裡頭其實非常重要。重點就在於我們所有的眾生都有意識分別，不單單只有在《楞嚴經》裡頭所說的十種眾生，雖然阿難有所考慮不從自身說起，是因為自己的想法如果跟其他不同類眾生的想法有所不同，又將如何？所以他才善巧地說明其他各類的眾生似乎也都是如此呀！從這裡給予說明，並不是只有阿難一個人才有這個想法而已……。

從這段裡面引伸出來，所有眾生的心其實在未值遇善知識啟發所謂的「真心實相」之前，必然都是在迷的階段，關於這點如果沒有了解唯識基礎的初基行者更是會很難掌握。原因都是來自於每個人的自我獨大在作怪，如果未能了解在吾人身上的眼、耳、鼻、舌、身、意這六識，加上第七意識的我以及藏識，這八識說實在話也只能站在佛法的門外窺其外貌而已，尚未能夠登堂入室。《楞嚴經》裡面還有一個不大不小的秘密，那就是從六根、六塵加上六識總共十八種，再包含地、水、火、風、空、見、識，加起來總共是二十五，我們再仔細地去探究《楞嚴經》裡面蘊藏著很重要的一個大秘密，它就是二十五位菩薩圓通法門。

讀了《楞嚴經》之後，也已經掌握到修行的重心和基礎，這些全部都必須從見了性以後才算數。悟到了見之後，這個「我」才能徹底地放下，否則會在「我」的世界裡不斷地輪迴跟攪拌無法掙脫，如果你進一步地追下去，便會產生我自己真的可以看見我看到的東西嗎？就像《楞嚴經》裡頭阿難自己所產生的懷疑一般，那接著會生起，我可以見到我身體上面的一切，也知道心起作用，那在這裡就有一個問題「能看的心以及所看的物到底為何？」像這類的都是我們在修行上所必須先解決的，但是這談何容易？這牽涉到吾人內在所執著的部分，這個是屬於「非作意根」，不是那麼容易可以覺察到。所以一般修行人初期能夠接觸到的也僅能建議他比較容易的，例如從眼根、從耳根……等能所相對讓其方便入道，這也是一種善巧，一切百千法門無非都是看眾生的根器由淺入深，最後各個擊破，解除了能所相對進入絕對理地。之所以如此，都是因為緣自於我們本自伴隨的俱生無明，這個就是修行最難，但也是最初必須去突破的，那就是如何把「我」給去除，否則以我們末法眾生的無明，又如何可以看得到自心在每一個當下剎那之中生滅的心？除非你不得了解所謂的「見必我真」的道理，這裡所說的「我」非一般平常的我，真我確實可以看得見才可以靠得住，修行的初步最起碼要做到心隨時隨處都可以無散無聚，到那時或許可以說是放下。常常有人自稱開悟見性，但卻好奇地想問，其所謂的見究竟是哪一種見？其所悟的悟何悟？就如同早先一位老居士所說的，我認為頗有道理，因為在許多前人的經驗中也都有提說到，一個真正開悟見性的人必然皆從「虛空粉碎，大地平沉」中走來方見真實，這句話講得十分到位，開悟的人如果連宇宙八荒仍然做為心中物，那就不知他如何去看見自己的心？如何遠離成、住、壞、空？開悟了，心仍然受物所控，試問如何轉物？真正大徹大悟者應該也可以在一根毛髮之中全睹十方三世一切佛的淨土，並且也可以在一粒細小無比的泥沙中宣說妙法……若不能，那究竟心中所解、所悟究竟是如何？

歲月遺漏之中不少人曾經問起，所謂見性開悟的境界何其高遠，試問有何於日常生活中仍然可以獲得安適之法？

其實回到《楞嚴經》的第五卷，佛陀與阿難的問答之間就有一些對現代的修行人很好的參修開示：「爾時。世尊憐愍阿難及諸會中諸有學者。亦為未來一切眾生。為出世因。作將來眼。以閻浮檀紫金光手。摩阿難頂。即時。十方普佛世界六種震動。微塵如來住世界者。各有寶光從其頂出。其光同時。於彼世界來祇陀林。灌如來頂。是諸大眾。得未曾有。於是阿難及諸大眾。俱聞十方微塵如來。異口同音告阿難言。善哉。阿難。汝欲識知俱生無明。使汝輪轉生死結根。唯汝六根。更無他物。汝復欲知無上菩提。令汝速證安樂解脫寂靜妙常。亦汝六根更非他物。」

這段內容其實就是釋迦牟尼佛為我們現在的無明眾生指引了一條方便的道路，這條道路如果能夠如法證得，那也是一條解脫煩惱的道路……佛講完以後就用如同閻浮檀色的紫金光手撫摸著阿難的頭頂，這時候所有十方一切佛的淨土中都產生了六種殊勝無與倫比的震動。這個摩頂啊，在佛教裡面其實有許多種的解釋，完全端看所授的弟子當下的信解心如何，師徒之間所建立的清淨心可以決定弟子所覺受的加持，阿難當然對於佛陀俱足無與倫比的恭敬心，所以當下所現起的整個證量就會有不可思議的境界產生。然而，許多人學佛用了大半生的時間，卻始終無法在慧解脫上面生起應有的覺悟，這其中當然包含了在佛理上的了解是否等同究竟的了悟？一般我們在學理上面的認知，大部分是透過修行人意識思惟之後所獲得的，這種獲得也未必可靠，因為還需要投注大半生的時光，無遺漏休歇地無量修證與反覆印證是否可以到達究竟的開悟。以現代人的標準，其實尚有不少的盲點，畢竟吾人的根器，與當時佛住世時學聖之程度根本無法作比，只能說是雲泥之間而已。所以，現在的我們其實在學佛的基本態度上最起碼要先從恭敬心和出離心學習起。為何阿難可以經常得受不可思議的加持？原因很簡單，他對佛的恭敬心以及出離心早已俱足。這兩點如果放在任何諸乘的修行標準上來看，沒有辦法生起恭敬心，在修持時，試問我們的心將如何可以做到專注？如果連最基本的恭敬都做不到，說是看光、見佛或現起現量境的一切覺受，那等同無知的人在說夢話，有何差別？

恭敬出離心俱足

過去無論在顯、密任何的學習機會裡，所看到的跟聽聞到的有諸多前賢給予的建議，光是一個恭敬心和懺悔心，說實在的數十年間所見不多。那有人就問過我，這個標準跟條件究竟如何到達？我所知道的恭敬心必須是求法的弟子首先具備有對求法的對境，所謂對境就是他對於所依止的善知識也好、上師也罷，以及追隨的師父，心中連想要生起如微塵般世俗的雜染，即便是一粒俗眼都無法見及的細沙，都無法進入自己的意識之中。不但如此，反而二六時中可以如同耀日般永住心田，一旦生起信解心，不由自主淚如泉湧，身心顫動，在如此的當下無意識分別中生起求法的心……試問當今幾人能夠？所以有人談及經中佛陀經常慈悲地動地放光，現代人修學一輩子，為何連個影子都見不到？這個道理很簡單，可以先返聞自思過去求法的歷程中，自己的基礎是否如法依照次第全修圓滿？有人在問：「關於所謂的前修應該如何才算俱足所說條件？」根據我個人淺薄的聽聞，應該先檢辨自己粗淺的出離心是否業已俱足。什麼是基本的出離？這些應該在學習顯教基礎的時候就必須具備的條件，起碼的暇滿人身的思維都已經了然於心，非但了知而已，而且一思惟到此生此世可以重獲人身，就如同在雜穢堆中拾獲摩尼珍寶一般地難得珍貴，時時刻刻都有這樣子的念頭生起，而且是真正地感恩。我問過不少人，在這個起跑點的基礎上就很少人可以真正地達到，因為如果你無法時刻生起這樣子的感動心，你怎麼去珍惜你每一個當下所擁有的寶貴的時間？在這個過程中，只要世俗的貪、瞋、癡一旦現起，無不隨波逐流、隨緣造業，殃障再起……每當講到這個部分，聽的人也只能低首搔腦不知如何應對……。

許多人曾經向我要求可否傳授大手印、大圓滿？其實，我心裡的想法是如果一個人連基礎的無常觀都未曾真正地實修，甚至於大部分的人都不知如何祈請，又怎麼能夠真正地體悟到大手印、大圓滿的實義呢？這點也是讓我覺得眾生不可思議之處，即便你要學習大手印，這些轉化習性和業力串習的前行思維也是一定要認真地思惟過。有些大圓滿的殊勝法寶裡面，在做完四加行以後，它的前行就是必須隻身前往無人之山巔、洞穴，甚至於屍陀林或海畔實修實證，實在地思惟，在每一道的修持上必須把自己觀想就是在彼道境界中活生生地去融入體會六道的苦痛……如果連這樣子的機會，甚至於法本都沒有讀取或聽聞隻字片語的口訣，怎有可能馬上傳授大圓滿的竅訣？如果我真實地接受求法，等同雙方相牽入坑一般，何其可怖，更何況自己本身是否有所悟見？這都是一個問題……再說，每個修學的人都想獲得解脫之道，但是很少有人在念頭上日夜去思惟如何讓眾生獲得解脫。我們應該慚愧地去思惟是否可以做到簡單如同身旁的人，他的身心方面一切的感受，我們可否完全無條件地代受？先從一個人做起，而且不需要實質上馬上做到，只是自己心中暗自地練習，現在身旁的任何一個眾生他所遭受到的不管是身體的病痛，或心理的折磨，我們心中生起如母的眾生現在所承受的一切病苦，我願為其代受……而且是用一種感動如同在為自己親生的父母歡喜地去做這件事情……這些都是學習佛法最基礎的菩提心而已。菩提心如果未能真正地做到基礎的感同身受，並且願意歡喜代受，無怨無悔，百試不逮，未曾生疑……這個是我一再建議自己和他人同修努力完成的部分。這些如果都未曾如法圓滿，那其他的觀修一切的生起次第、圓滿次第如何完成？更何況，如何可以進入修持奢摩他基礎的止觀禪定？更何況，九乘佛學之巔的大圓滿「見」？我所講的只是起修的「見」而已，更不要去思考到有無條件修持「立斷」和「頓超」。

我們再來探討《楞嚴經》這段經文所談到的佛用祂的紫金光手摩娑了阿難的頂門以後，剎那當下整個三千大千世界的十方佛土同時感受到六種的能量波動，所謂的六種波動現象就是動、湧、起、震、吼、擊這六種，這是以物理現象所解釋的。釋迦牟尼佛本就是全知全能大開悟者，在三千年前證悟以後，了悟了一切心的實相，當然心靈的世界跟物質的世界本無差別，物質世界所包含一切原子量層，在裡面無論是中子，還是質子……剎那之間都會隨著心的能量場產生對維度空間的改變，所謂「心能轉物，即同如來」，這是只有佛的境界才有辦法去改變十方所有一切的世界，所有一切世界之中的宇宙也都會隨著自己的心能量產生質變。「宇」代表整個世界之中所有一切的空間，「宙」是表示所有的時間，唯獨只有佛的境界可以超越、改變，並且突破一切的法界，這種能量在物質上面的表法上產生了六種變動，震就是物質互相衝擊所產生的聲音，例如地震的時候，地牛要翻身就會聽到地底很深層之處所傳達上來的吼叫聲，這種聲音是來自於板塊互相衝擊、撞擊所引發出來的一種震動；動的表達方式通常是往上波動，往上方湧動的形容，它產生波動的時候是有形狀的，這一般人是無法看得到，除非他是有禪修並且也俱足了天眼通才有辦法看得到震動的形態，這點在其他的經典上也都有說明。在《般若經》裡面也特別地有說出六種震動，震動就是一種湧動，所以是一種不定之相，大概可以分為從東邊震動西邊隱沒，從西邊震動東邊隱沒……從四邊湧震從中間消失，這六種波動的方式，這如果要再細分六種震動裡邊可分為小震動引發出來的震動，中度震動所引發出來的動相，以及大的震動所產生出來的現象，也就是每一種能量波動之中又可引發出三種動相，所以總共有十八種不同現象的震動，關於這點可以參考地震發生時的現場那種感受度，當然人世間的地震和佛經裡面所講的波動是截然不同的。人間的地震是因為沒有好好地積善修德，除了自私自利以外，還習慣做些傷害眾生的種種行為，每個人都有自私行使之後的後遺症，以及人類的貪、瞋、癡、慢、疑所引發出來的共業，這當然就會產生地震……另外，在《大方廣大莊嚴經》裡邊也有說明了十八種動相，例如輕輕的搖動，很大的搖動，以及全面性的遍極搖動，還有扣擊方式的搖動，移動方式的搖動，另外湧覆般的動相震動還會引發出響聲……通常在佛經上面來講，動也有動的時間，佛經把它歸納為六個時間，譬如說，有佛入母胎時，再來從母胎來到了人間，修行悟道的時候，還有正在轉大法輪的時候，再來就是由天魔勸請佛入涅槃，最後佛陀臨入涅槃時，這些都是大的時間所會發生的……。

原本在佛教裡頭「摩頂」是依怙主對弟子眾生所做的加持作用之一，漸漸地從印度教轉化到了密宗，就變成了一種灌頂或獲得保護和給予加持、授權等多重的意思。實際上，有證量的修持者，當他用手放置在對他俱足信解心的徒眾頭頂時是會有些作用的，換句話說，如果對自己的上師咕嚕看成是金剛總持的化現，身、口、意清淨地供養，此時，摩頂等同獲得他的灌頂加持一般。灌頂無論現在的藏密、東密，它的源頭都是源自於古印度傳統上舊的國王找到了接班可以授權的繼任者所給予的傳位儀式，這裡面就有灌頂的儀式。在大乘佛法修行的過程，在菩薩地一一往上晉升時所得的證量都不相同，在十地的修持過程中，當菩薩進入到十地菩薩時將會獲得十方一切諸佛的灌頂，這個在印度的意思就是得到諸佛摩頂加持，也就是說獲得了授權證明菩薩已經是佛的境界了。在過去，傳統會有五個寶瓶用來灌頂弟子，五個寶瓶代表得到五方佛的智慧灌頂，意思是指從此之後將要把佛陀一系法脈與殊勝法門往下傳承的意思，同時也代表已經在眾生的阿賴耶裡面注入了成佛的種子，這種觀念延續到了今日便形成了如果沒有經過灌頂所得的法將不得成就，表示灌頂的重要性。關於這點，我們在《華嚴經》裡面也可以找到，菩薩如果沒有接受到十方一切諸佛光明入頂，不為得職，如果有獲得灌頂才可以進入諸佛的領域具備成佛的十種功德力量。「灌」的意思是，一切諸佛以佛的菩提大悲心為即將成佛的菩薩，用大悲水給予圓滿證明祂即將獲得果位，此為灌頂的「頂」真實的意義，也就是獲得最尊貴、最高巔的圓滿成就。不同的是現在我們大部分外面所流行的灌頂幾乎都是屬於結緣式的灌頂，這點和真正的獲得傳法灌頂，那又不同。真正的傳法灌頂必須上師和弟子之間信解之心已經到達了如同印模複印一般，也如同上師把整瓶清淨無染成佛的甘露水注入到可以成為法器潔淨無穢的新瓶一樣，這中間，上師對弟子的觀察絕對不是那麼容易，連弟子的名字都叫不出來或者只是基於人情見幾次面就可以給的灌頂，若是如此，此等灌頂形同虛設，了無意義……。

灌頂在藏傳的儀式中和唐密的儀軌裡也有不同之處，唐密把它分為金剛界的灌頂和胎藏界的灌頂，各分為五部、三部；藏傳佛教的灌頂，如果是到了修持無上瑜伽部，此時的灌頂特別有意義，一般來說有四種階段的灌頂，具體而分是寶瓶灌頂、秘密灌頂、智慧灌頂和勝義灌頂四種等級……。

我們現在是因為討論到《楞嚴經》裡頭佛伸出了佛手在阿難的頂門摩娑所引起的十方世界六種的震動，前面我們也引述了如何可以獲得真正的加持，最重要的還是來自於一個弟子對上師的信解，就如同阿難對佛陀從未懷疑過，從來都俱足著無比的信解心一般，這種證量就如同過去觀世音菩薩，祂在介紹大悲咒殊勝時所引述的境界有異曲同工之處。由於千光王靜住如來始於大乘菩提心為了要幫助未來世末法一切的眾生，祂傳授了圓滿無礙的大悲神咒，千光王靜住佛一邊傳授大悲神咒的同時，也是用金色的佛手在觀世音菩薩頂門摩頂，並且授予祂。指示觀世音菩薩除了受持大悲咒以外，同時要發起菩提心，為了要解脫救度未來六道之中所有在濁世裡面受苦無明的眾生，可以利用此咒幫助一切眾生離苦得樂，獲得平安喜樂。各位要知道，當時觀音菩薩還在菩薩地的時候，祂當時的證量如祂所說只是初地菩薩的境界，但是祂的上師千光王靜住如來佛傳了這個咒語給祂，同時給祂摩頂加持，這一下子祂馬上進入到不動地的果位，這就是加持，這才是灌頂。所以我常講我不灌頂，不幫人灌頂，但是我可以用我的菩提心對俱足信解的有緣弟子口傳密咒，至於得不得證量不是我的問題，更不是本尊的問題，絕對也不是傳承的問題，而是接受傳法的人有沒有俱足清淨心和信解心，這是最大的問題。這兩個問題一旦解決就是灌頂，就是諸佛本尊給予的加持灌頂……所以，觀世音菩薩一下子連跳直接到了八地菩薩，內心裡面生起了不可思議的歡喜。當時，菩薩發了一個誓願，祂怎麼說？祂說如果我將來成就了，我一定要讓所有的一切眾生可以獲得大悲咒一切的大功德，讓所有的有情獲得最大的安樂。這下子祂一發願，更大的加持出現了，這個願望一講完，菩薩的身上真的出現了一千隻手一千隻眼睛，更殊勝的是，在這個同時，所有的十方一切世界全部同時產生六種大震動，十方所有一切諸佛的淨土同時放光，這個光也同時照射到千手千眼觀世菩薩的身上，最後從祂身上放射光普照到所有盡無餘一切的世界當中……。

持咒要與佛相應

各位看看《楞嚴經》光是一句「摩頂動地」就有這麼多的大秘密，但是一般人讀誦《楞嚴經》大部分只注重在字義的解釋上，可是很少深入地去了解佛陀在《楞嚴經》，無論是七處徵心，或者是八還辨見，這中間有著種種不可思議的密因存在，假如一般人如果只是執著於一經一論，甚至於還有排他性，那是很難真正融會貫通這部偉大又不可思議從釋迦牟尼佛為末法眾生所開啟心眼、心智的一部殊勝的經典。除此以外，很多人在讀經的同時，或者是在持咒的時候沒有辦法和佛及本尊相應，理由很簡單，十方諸佛的心其實就是眾生的心，所有百千萬億的本尊，一切的心咒也都是從自心所化現的，如果這點不能理解，表示我們對於七處徵心實質上的意思尚差甚遠。我們看千手千眼觀音，祂並非看到了光，體驗到了六種震動，祂就滿足了、祂就得意忘形了，並沒有，祂在法喜充滿的境界裡面發了大菩提心願，是為了要解脫救度那些已經在六道當中沉淪無量億劫無明受苦的眾生，為他們迴向受持並且加持他們，所以祂這麼說：「從過去到目前為止，從來沒有停歇過唸誦大悲咒，因為如此專持盡信的緣故，我獲得的加持是，每一次的投胎都是在清淨的佛土中，而且不入母體受含胞之痛……」

因此我們如果讀取過許多大乘經典的同修必然會看到，釋迦牟尼佛在不同的法會現場，祂都有出現摩頂加持這樣子的場合，不僅僅是在《楞嚴經》，而且現場的菩薩也都獲得了各式各樣的成就，有的俱足一切菩薩應所俱足的德行，有的在領受六種震動的過程中所得到的加持又有不同不同的境界，有的從震動的加持裡得到了化生，如同從污泥裡重生綻放的蓮花一般，當然蓮花有不同的色彩……。

所以各位，我們不管是唸誦「南無阿彌陀佛」或者是唸大悲咒，或者是觀音咒，我們是不是在內心深處也都有發起廣大的菩提心學習千手千眼觀世音一樣？祂的願力不可思議，而我們的願力又是如何？難道只是滿足於現世八法中一時的安樂？那這還是在六道裡面很難解脫……我們看觀世音菩薩祂是如何發願的：

「若有比丘、比丘尼、優婆塞、優婆夷、童男、童女，欲誦持者，於諸眾生，起慈悲心，先當從我，發如是願：

南無大悲觀世音！願我速知一切法。

南無大悲觀世音！願我早得智慧眼。

南無大悲觀世音！願我速度一切眾。

南無大悲觀世音！願我早得善方便。

南無大悲觀世音！願我速乘般若船。

南無大悲觀世音！願我早得越苦海。

南無大悲觀世音！願我速得戒定道。

南無大悲觀世音！願我早登涅槃山。

南無大悲觀世音！願我速會無為舍。
南無大悲觀世音！願我早同法性身。
我若向刀山，刀山自摧折。
我若向火湯，火湯自消滅。
我若向地獄，地獄自枯竭。
我若向餓鬼，餓鬼自飽滿。
我若向修羅，噁心自調伏。
我若向畜生，自得大智慧。

發是願已，至心稱念，我之名字，亦應專念，我本師阿彌陀如來，然後即當誦此陀羅尼神咒。一宿誦滿五遍，除滅身中，百千萬億劫生死重罪。」

我們持咒的時候，同時如此地發願，發願的原因是為了跟觀音菩薩相應，很多人對於相應根本不了解，一味地想求上師相應法，問題是你對依止的善知識他真正所要做的佛行事業，你能了解多少？說的跟做的，很多人面是背非，不要造業就很不錯了。所以，至心稱念觀世音菩薩的名號，而且你看看觀世音菩薩祂這麼樣子地信解阿彌陀佛，所以祂說還要一心專念我的本師，本師就是根本上師阿彌陀佛的佛號，接著，才唸大悲神咒。如果真的可以按照這些條件，一夜之間唸滿五遍便可以消除百千萬億劫的生死重罪……。

當初年少習佛，對於一切佛陀所演示的一切大部頭的經論，幾乎是如飢似渴般，只要相關及任何楞嚴大義相關之一切論著或古德尊者搜羅嘔血所成之集註，如淨土宗之第九代祖師蕅益大師，他是明末最主要的四位高僧之一，後人也尊稱他為靈峰蕅益大師。蕅益大師依照他一生精進用功提撕之禪宗、教、律結合，並且有感於當時明代依然重視儒家及理家融合佛教之善巧，因此蕅益大師也特別註解過四書和《易經》相關的著作，融合於佛教的教理，但是最後大師還是把一切導歸於往生西方之唸佛法門。有關於這方面，蕅益大師特別於《法海觀瀾》還提出了為量不少的淨土相關經典，其中特別重要的，影響後代唸佛人甚深的念佛三昧論，可以說是蕅益大師畢生中最精要的心髓。

蕅益大師一生中著作等身如《楞嚴經玄義》、《楞嚴經文句》總共有數十種之多，囊括其著作中。《楞嚴經玄義》無論是對顯教、密宗均有發聾振聵，啟發無明癡闇之眾生，使其從沉溺頑愚之浪海中解脫出來。在《楞嚴經》所有的傳世著作中，各類之注本，原本應有上百種之多，但普遍流傳於現世的不超過五十家，但是真正熟讀又可以通達義旨者，少矣！因此若可以在犖犖大端、罕有人識的楞嚴義海中脫穎而出，實乃不可言說之功德！後世又有長水法師所著之《楞嚴經疏》、交光法師之《楞嚴正脈疏》、傳燈大師之《楞嚴圓通疏》、真界大師的《楞嚴經纂注》……在當時所有的楞嚴著作中有一位在家居士錢謙益因熟讀研究《楞嚴》，此人在明代由於過人之文采，在當時的文化圈中獨領風騷近五十年之久，直至到了乾隆皇帝，錢謙益著作之詩詞悉數皆被皇家所毀，但他所註解之《楞嚴經疏解蒙鈔》至今仍有傳世。尚有民初之革命僧人太虛大師以及近代高僧海仁法師，廣東著名的持戒僧侶一生中鑽研《楞嚴》，但又以持名唸佛為專修。他著有《大佛頂首楞嚴經講記》，對於清末以來有志於研讀《楞嚴經》者，亦可說末法之福音……。

歷代研究《楞嚴》者未曾斷輟，且歷代均有才人輩出未曾停歇，此乃末法中可喜可嘆之處，歷年以來，吾多方考量思前忖後，若依前人之方式挾古德之牙慧或依文解義，循古墨之餘韻，又恐今人礙於不熟於古文，文言之深晦而掩頁興嘆，於是乎有癡人之想，試取現代人較可接納之讀法，段落標句重點之提示，佐以暗喻之筆法，仿史冊中正文未曾備載處，為便於今人易懂，方捷入手為權宜，其中文句或有別於章法，抑或有移花接木之善巧，皆為迎新知入階之方便爾爾，未來於楞嚴一系之新著中亦將朝此目標試述，若有不堪登堂之處，祈十方先知達人一笑納之即可。勿怪！

後記

因個人從年少啟蒙時期至今，便有幸接觸許多各大不同宗派的老和尚、道長、瑜伽士、居士長者們，以及許多的佛教行者。在今無常幻變的生命歲月裡也結識了不少社會賢達，師從各方之耆老及前輩，至今尚有學習過程中之吉光片羽，猶如掌上觀紋歷歷眼前一般，五內感荷無以回報。由於教學三十多年以來，也有許多同道，將《楞嚴經》相關的問題互相研討，思及過往師長及前輩們的恩德如同再造，所以希望將過去於師長及前輩處，所聽聞到的任何與此相關的隻字片語、精要大意，用深入淺出的文字與有興趣的同道們一同鑽研分享及探討。

至於書中所提之掌故事由，皆為個人在求學訪道的歷程中，所經歷之真人真事，但由於度衡並尊重先賢後嗣之隱私，所言及之人物有時不得已以虛擬作為尊重，且時空背景可能有所更迭。本書所闡述部分人物史傳、佛教之寓言和佛法相關典籍等真實記載之史料，由於篇幅及行文脈絡的緣故，僅取其精要梗概，或為方便有別於正史皆是權宜，特此說明，分享給有興趣之同道，此類事跡歷代流傳於後世，十方傳唱至今，時有各界善士就相同史料進行註解或闡述，如有雷同相似之處，當屬所學所見略同。

「自從一讀《楞嚴》後，不看人間糟粕書。」

用最簡便易懂的方式，解讀《楞嚴經》最精采的段落！

以佛陀與阿難的對答，幫助現代人找回自己的心！

蒐羅各代祖師大德與《楞嚴經》的軼事，由故事中理解《楞嚴》！

條列分陳歷朝楞嚴註疏，是想深入研究《楞嚴經》者，最佳的入門索引！

王蘊老師 楞嚴經系列套組

—— 暢銷系列書籍 ——

《楞嚴經蠡測》【第壹～肆冊】

《楞嚴經蠡測》【第壹冊】

- 博客來網路書店【宗教命理類】5個月第一名
- 誠品網路書店中文書第一名

《楞嚴經蠡測》【第貳冊】

- 博客來網路書店6個月【宗教命理類】第一名
- 誠品網路書店中文書第一名

《楞嚴經蠡測》【第參冊】

- 博客來網路書店3個月【宗教命理類】30日暢銷榜第一名
- 博客來網路書店【宗教命理類】新書榜第一名

《楞嚴經蠡測》【第肆冊】

- 博客來網路書店連續2個月【宗教命理類】30日暢銷榜第一名
- 博客來網路書店新書榜【宗教命理類】第一名

「天下事離不開『心』，心者才是人世間的王道，無論古聖賢或為王、為帝者，重要者在於立身處世之道可否服人。」

本系列書中王薀老師除了寫下他與由幼至長的數十年間，值遇到許多亦師亦友的善知識言行身教，也提及孔子與門人弟子間的諸多師生情誼，包括子路的莽勇及忠誠、子夏的好學勤問，以及顏回對於仁的持守，更以神怪故事、儒、釋、道三家的人物等古今人事來舉例，展現了傳統教導中守禮、忠誠、講信義、內聖外王等美德，以期讓我們人生更完滿。

這些先賢耆宿他們共通的特點是學識淵博，並且可以把所知所學融入言行身教中。閱讀其中的奇節瑰行令人如坐春風，並從中獲取靈思無數。

王蘊老師 人文系列

—— 暢銷系列書籍 ——

《師者》【第壹冊】
《師者》【第貳冊】

《師者》【第壹冊】

1 博客來網路書店10週【人文史地類】7日暢銷榜第一名

1 博客來網路書店3個月【人文史地類】30日暢銷榜第一名

1 誠品書店【華文創作類】暢銷榜第一名

《師者》【第貳冊】

1 博客來網路書店【人文史地類】4個月第一名

1 誠品書店【華文創作類】連續19週暢銷榜、10週暢銷榜第一名

| 中文版 |

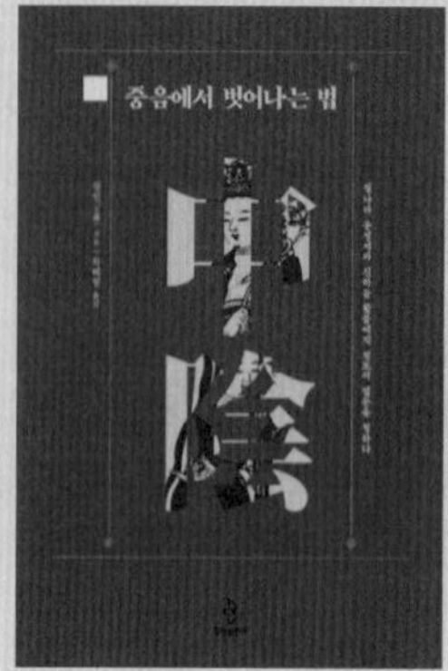

| 韓文版 |

「這個世界的一切都是由無常所組合的，任何事情都有生有死，但唯一不死的就是我們每一個人的心。」

王薀老師從無數的佛道禪的學習智慧中，探求不入中陰的法門。無上至寶，來自本心。閱讀此書如醍醐灌頂，字字珠璣，世間難遇！

本書精彩內容，獲得無數的暢銷紀錄，甫上市幾個月，即獲得韓國擁有20多年歷史淵源，首屈一指的佛教出版社邀約授權，目前韓文授權版已正式在韓國上市。

王蘊老師 國外出版系列

—— 暢銷韓文版 ——

如何不落中陰——生死自在

本書特色

◎對於亡者而言，最尊重的方式是令其心靈平靜！

◎中陰救度是善巧，但可否於中陰得度，日常生活中，便要時常練習，讓自己起心動念之間，不要受外在境界影響。

◎面對死亡時，不用別人的加持，而是靠自己的修習，這才是真正的生死自在。

- 誠品書店【人文／科學類】暢銷榜第一名
- 誠品書店【人文／科學類】連續16週暢銷榜
- 博客來網路書店【宗教命理類】2週暢銷榜第一名
- 博客來網路書店【宗教命理類】新書榜第一名

青城山在中國一向被目為是一座氤氳仙靈之氣的聖山，自古以來都是各個世代開發及實踐人類潛能的根源地。

暢銷作家王蘊老師授權英國知名出版社發行本系列書，內容講述了老師求道的真實心路歷程以及道家靜坐的竅訣，這些事蹟及方法充滿啟迪人心的力量，能夠讓讀者療癒身心，並開展自我無限的內在潛能。

《雲越青城山》讀者好評推薦

「此書描繪了豐富的個人經驗、東方文化、和實修氣功的方法。在我閱讀本書時，彷彿作者王蘊老師就在我面前親自跟我講述這個故事一樣！」

資深翻譯文化工作者推薦

王蘊老師 國外出版系列

——暢銷英文版——

Climbing the Steps to Qingcheng Mountain

通往青城山之路

Clouds Over Qingcheng Mountain

雲越青城山

Returning from Qingcheng Mountain

從青城山歸來

《通往青城山之路》

2019年8月上市一個月Amazon網路書店名列美、加、英、法、德等多國【新書排行榜】期間全程持續第一名殊榮！

《雲越青城山》

2020年9月上市於Amazon網路書店名列美、英、法、德各國，合計23類書藉暢銷排行榜及新書榜均獲得第一名！

上市以來，連續49天第一名紀錄！

《從青城山歸來》

2021年9月上市於在Amazon網路書店名列美、加、英、法、德、澳、日等多國，合計37項書籍暢銷排行榜及新書榜均獲得第一名！

上市以來，連續61天第一名紀錄！

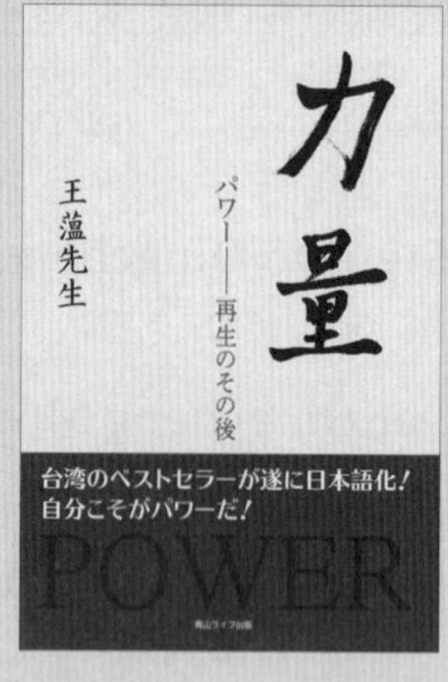

最給力的文章
最能展現「力量」的一本書

王薀老師摘錄了古今中外的名人軼事，也拾取了你我身旁小人物的人生故事，讓我們看到一段段從人生低谷重新獲得「力量」而重新崛起的故事。

全球疫情持續升溫、暖冬酷熱的氣候異常、不可測度的世界局勢，每日都有不同的「黑天鵝」徘徊在我們的周遭，世界似乎變得愈來愈不可預測，彷彿脫韁之馬，奔騰倏忽地駛離我們生命原有的道路。事實上，這本是生命原本的無常樣貌，我們以為的平凡安穩只是心執著於不變所孕化的錯覺。每個人都曾無力過，尤其是需要自己面對自己的那時刻。

王蘊老師 國外出版系列

—— 暢銷日文版 ——

力量——重生之後

【哲學類／新書榜】第一名

【哲學百科全書、辭典類／新書榜】第一名

【哲學認識論類／新書榜】第一名

【論文集、評論集、演講集類／新書榜】第一名

【哲學叢書、全集類／新書榜】第一名

《力量——重生之後》日文版於 2020 年 12 月甫上市，於日本 Amazon 書店蟬聯五大類之【新書暢銷榜】，且均獲得第一名！

並於十五大類別裡，位居最暢銷單行本排行榜。

盡蘊於書
The Yuniverse Within

王薀老師作品集

健康生活類

靜坐——這一檔子事
靜坐這一檔子事 2——導引功法
靜坐之後
靜坐與養生之間
炁息
炁息【二】蹻引八谿

心理勵志類

回不去了
發現生命的曙光
重生——生命中都必須有一次
力量——重生之後
絕對
逆流而上——人生勵志五部曲
金句【1】

華文創作類

茶堂
建盞·茶談
茶堂懷錄
阿賴耶之人狐傳奇
拴馬索

人文史地類

師者【第壹冊】
師者【第貳冊】

人文科學類

現代人的藥師經 1
現代人的藥師經 2
現代人的藥師經 3
現代人的藥師經 4
現代人的藥師經 5
現代人的藥師經 6
現代人的藥師經 7
隱藏在心經背後的故事
這，也是金剛經的重點
觀音——最具丈夫相的女性
如何不落中陰——生死自在
楞嚴經蠡測【第壹冊】
楞嚴經蠡測【第貳冊】
楞嚴經蠡測【第參冊】
楞嚴經蠡測【第肆冊】
楞嚴經蠡測【第伍冊】
宗門屑語——四十年習佛錄影【壹】

ཡི་གེ་འདི་ཤུ་རྩ་དྲུག་པ་འདི་དཔེ་ཆའི་ནང་དུ་བཞག་ན་གལ་སྲིད་དཔེ་ཆར་

བགོམས་ཀྱང་། ཉེས་པ་མི་འབྱུང་བར་འཇམ་དཔལ་རྩ་རྒྱུད་ལས་གསུངས་སོ།།

此咒置經書中，可滅誤跨之罪

楞嚴經蠡測【第伍冊】

王薀 老師 講述

編輯 善聞文化創意編輯整理

出版 善聞文化創意有限公司

地址 台北市郵政信箱 117-772 號

電話 +886-(0)2-2707-8599

傳真 +886-(0)2-2707-5788

Email bhagavanpublishing@gmail.com

歡迎加入王薀老師

facebook 粉絲頁：www.facebook.com/teacherwang777

LINE 官方帳號：拾慧文創

Instagram：teacheryun777

初版一刷 2024年09月

Printed in Taiwan

ISBN 978-626-7196-28-1

定價 300元

國家圖書館出版品預行編目(CIP)資料

楞嚴經蠡測【第伍冊】
王薀 老師 講述
初版／台北市 2024.09；
面； 14.8x21 公分；(平裝)
ISBN 978-626-7196-28-1
221.94 113003283